Die Wiener Genesis

Eine kunstwissenschaftliche Bilderbuchgeschichte

Von Karl Clausberg

Fischer Taschenbuch Verlag

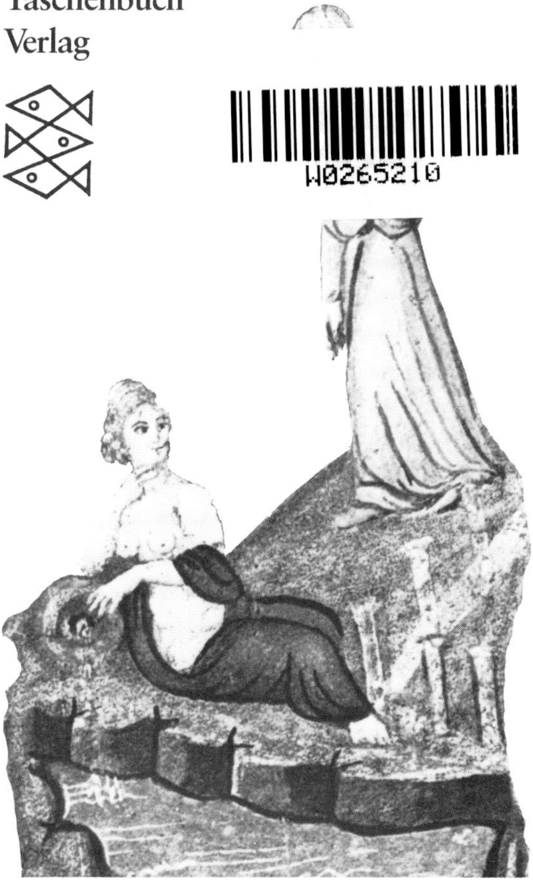

kunststück
Herausgegeben von
Klaus Herding

Wir danken dem Suhrkamp/Insel Verlag
für die freundliche Genehmigung zum Abdruck
der Bildvorlagen in diesem Band.

Die Konzeption der Reihe wurde erarbeitet von Max Bartholl,
Klaus Herding, Christoph Krämer, Peter Mathews
Lektorat: Werner Berthel
Originalausgabe
Veröffentlicht im Fischer Taschenbuch Verlag GmbH,
Frankfurt am Main, Dezember 1984

Gestaltung: Max Bartholl, Christoph Krämer
Satz und Druck: Wagner GmbH, Nördlingen
Bindung: G. Lachenmaier, Reutlingen
Printed in Germany
980-ISBN-3-596-23917-6

1 Wiener Genesis, Seite 1;
Ausschnitt, Sündenfall

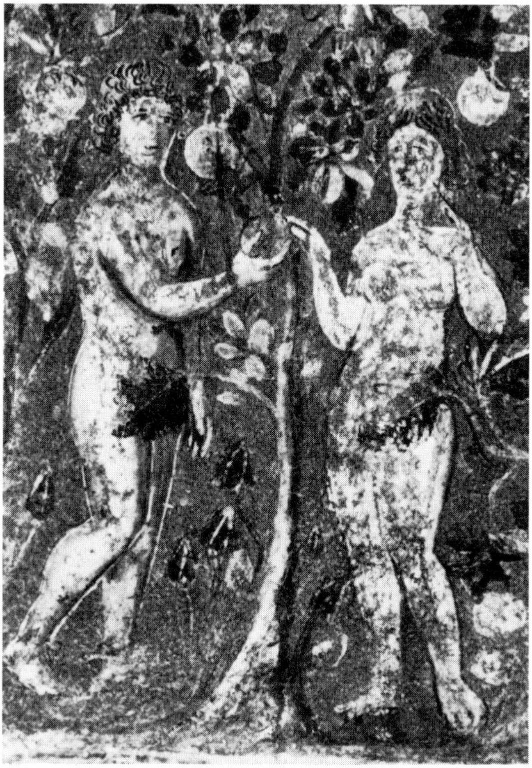

Einführung

Zur Schwierigkeit des ›Bilderlesens‹

Die Miniaturen* der Wiener Genesis[1] bieten dem unbefangenen Betrachter überraschende und merkwürdige Einzelheiten, die er in einer frühchristlichen Bibel-Handschrift – genauer gesagt, im ersten Buch des Alten Testaments, das ›Genesis‹ genannt wird – nicht ohne weiteres erwarten dürfte: zum Beispiel eine halbnackte Unbekannte am Wege Rebekkas zum Brunnen *(Abb. 3)*, oder einen ›Kindergarten‹, der um die versuchte Verführung Josephs durch die Frau des Potiphar versammelt ist *(Abb. 4)*. Daß das

* Einige Fachausdrücke werden im Anhang erläutert.

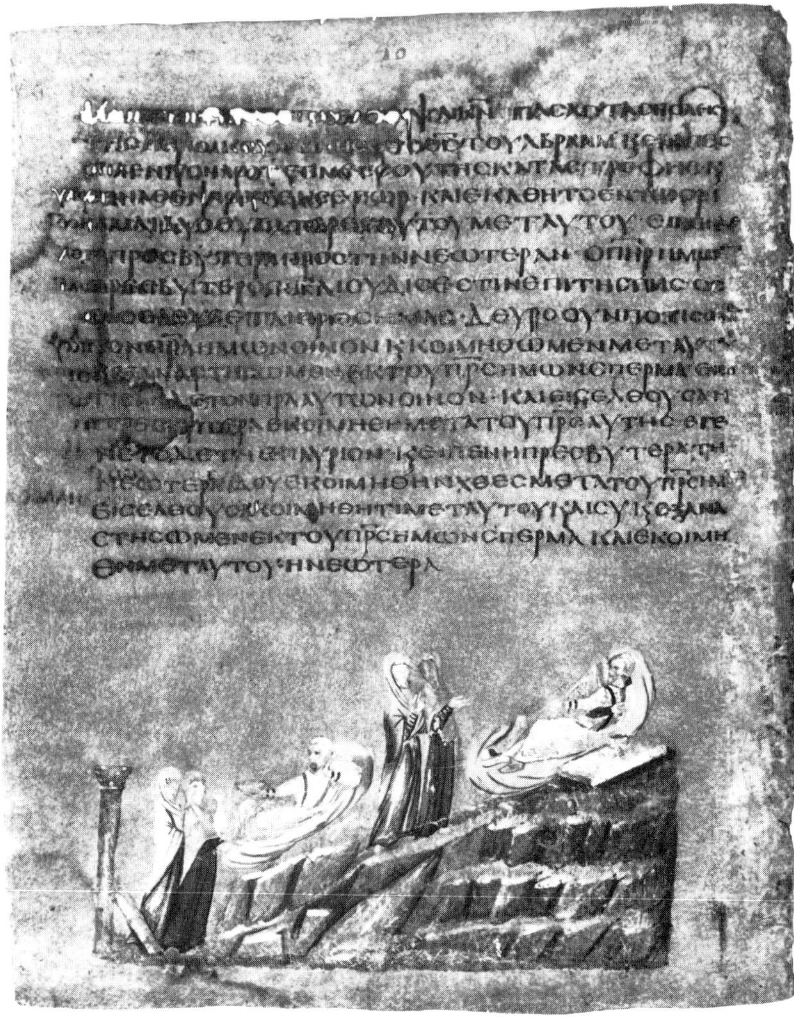

Alte Testament recht drastische Episoden, etwa die Geschichte Lots und seiner Töchter, enthält, ist ebenso bekannt, wie man gewohnt ist, diese anstößigen Vorgänge bildlich nur indirekt angedeutet zu finden; und darin macht auch die Wiener Genesis keine Ausnahme *(Abb. 2)*. Nur wo Nacktheit, wie im Bild des Sündenfalls *(Abb. 1)*, unumgänglich

2 Wiener Genesis, Seite 10; Lot und seine Töchter. Die Verführung des Vaters ist in drei Phasen auf einer schräg ansteigenden Felsenkulisse inszeniert: Links unten reichen die Töchter ihrem Vater Wein, es folgt ein Gespräch der beiden Frauen, und dann sieht man die jüngere in voller Bekleidung neben ihrem Vater auf dem Bett.

war, wird man sie in der älteren christlichen Kunst ausnahmsweise aber regelmäßig verbildlicht sehen. Wozu aber ein derartiger Überschuß an Entblößung und Kindereien in anderen Miniaturen der Wiener Genesis?

So, wie sich die halbnackte Frau in der Szene mit Rebekka am Brunnen bei näherer Betrachtung als eingewanderte altgriechische Quell-Nymphe entpuppte, die lediglich als dekorative Personifikation und nicht als handelnde Person in der Öffentlichkeit dieser sittenstrengen biblischen Bildwelt auftritt, so glaubte man zunächst auch andere szenische Zutaten, etwa den ›Kindergarten‹ bei der Verführung Josephs, als genrehaft-novellistische Ausschmükkungen ohne tiefere Bedeutung ansehen zu können, die allerdings den vorgeschriebenen Ablauf der Ereignisse im Bild nicht gerade plausibler machten: Warum Joseph, nachdem er der lüsternen Gattin seines Dienstherrn soeben entkommen war, ausgerechnet vor einer Kinderwiege und zwei an ihr beschäftigten Frauen stehen bleiben sollte, nur um sich umzuwenden und zurückzublicken, ist dem Bibel-Text nicht einmal andeutungsweise zu entnehmen.

3 Wiener Genesis, Seite 13; Ausschnitt, Quellnymphe

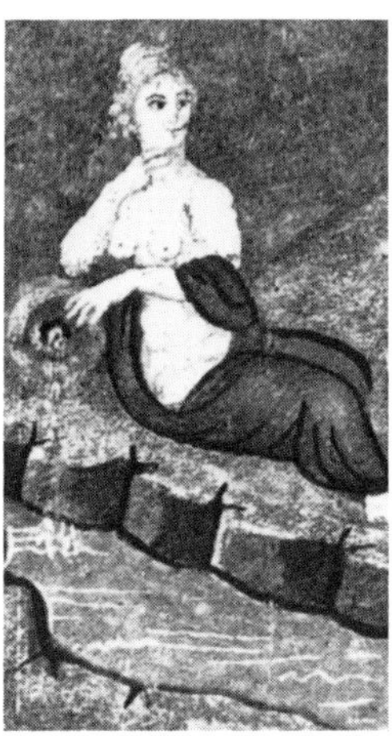

Die bildlich so weitläufig angelegte Verführungsszene, die auf den ersten Blick einfach im Frauenhaus des Potiphar zu spielen scheint, hat durch die neuere Quellenforschung[2] eine höchst aufschlußreiche Wendung erfahren: Jüdischen Bibel-Legenden zufolge nahm Joseph später die Adoptiv-Tochter des Potiphar, Aseneth, die noch dazu seine leibliche Nichte gewesen sein soll, zur Frau. Ihre Zieh-Mutter, Frau Potiphar, wußte aus Weissagungen, daß sie ein Kind von Joseph haben sollte; unsicher war lediglich, ob sie selbst oder ihre Tochter es zur Welt bringen würde, deshalb habe sie sich bemüht, mit Hilfe der Astrologie Gewißheit zu erlangen.

Mit diesen legendären Verwandtschaften boten sich

für die Randszenen des Verführungsbildes wie auch für den in der Bibel geschilderten Vorfall neuartige Lesemöglichkeiten: In der Wiege, vor der Joseph nach seiner Flucht aus dem Gemach der Potiphar-Gattin haltmachte, befand sich niemand anderes als seine zukünftige Frau, die kleine Aseneth, deren Schicksal gerade von den beiden Frauen – eine von ihnen höchstwahrscheinlich Potiphars Gattin – mit astrologischen Hilfsmitteln erkundet wurde. In der Unterzone der Miniatur waren diese Zukunftsaussichten bereits vergegenwärtigt oder als Wunschbilder der Hauptbeteiligten vor deren Augen dargestellt: unten links Josephs Zukünftige mit einem Kleinkind auf dem Arm; unten rechts Frau Potiphar mit einem größeren Sohn Josephs vor sich.
Mit der Kenntnis der jüdischen Legenden-Tradition wurde aus dem simplen, wenn auch etwas unklaren Genre-Bild eine kompliziert verschränkte, aber bedeutungsvolle ›Komposition‹ aus Rückblicken und Zukunfts-Perspektiven. Damit scheint der Weg vorgezeichnet, wie man an die Bilder der Wiener Gene-

4 Wiener Genesis, Seite 31; Potiphars Frau versucht Joseph.
Der Verführungsversuch spielt sich zwischen kulissenartigen Architektur-Versatzstücken ab: Frau Potiphar sitzt leicht gekleidet auf der Bettkante und versucht den zurückweichenden Joseph am Mantel zu halten; der ist jedoch dabei, das Kleidungsstück abzustreifen und durch die alleinstehende halbgeöffnete Tür zu entkommen, durch die er dann von rechtsaußen nachdenklich zurückblickt. Die Bedeutung der ›Kindergarten‹-Szenen ist aus dem Bibeltext kaum erklärlich.

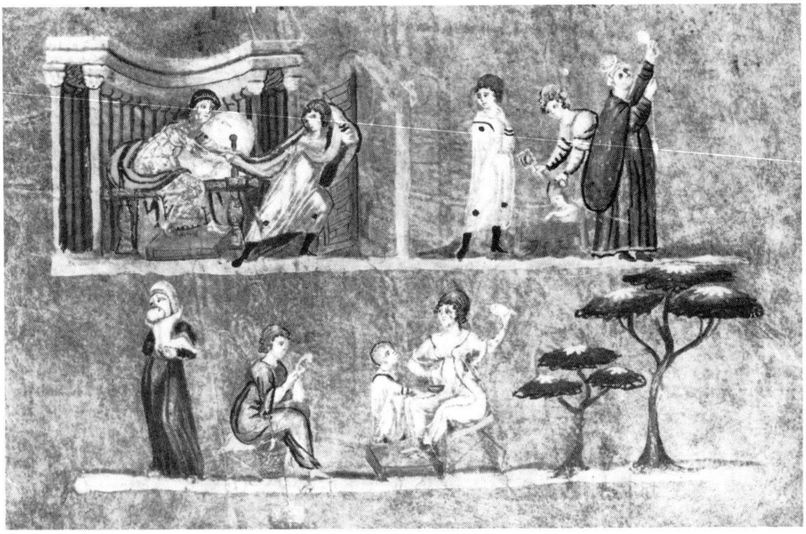

sis heranzugehen hat: nämlich von der Seite der Text-Vorlagen, von den jüdischen Bibel-Legenden und Kommentaren aus, die gleichzeitig – in ihrer Verbindung mit diesen Bibel-Illustrationen – Rückschlüsse auf eine weitgehend verlorene hellenistisch-jüdische Bild-Tradition gestatten.[3]

Nicht alle Miniaturen der Wiener Genesis lassen sich so schön mit einem Text-Schlüssel für das Auge aufschließen wie Josephs Versuchung, die wegen der außerbiblischen Verwandtschaftsverhältnisse als geheime Familienangelegenheit erscheint; doch sogar hier wird der neuzeitliche Betrachter angesichts der Mehrfachauftritte der Personen in durchlaufenden Bildstreifen vielleicht noch Leseschwierigkeiten haben. Es drängen sich auch grundlegendere Fragen auf: Ob die Komposition gewissermaßen nur mit der fremdartigen Last der zusammengestellten biblischen und legendären Text-Motive beladen wurde; und ob die ›Sprache‹ der Bilderzählung von sich aus in der Lage war, solche Inhalte anschaulich zu machen.

5 Wiener Genesis, Seite 32; Frau Potiphars Anklage gegen Joseph. Die Beschuldigung ist in zwei Bildzonen mit juristischem Effekt inszeniert: Oben trägt Frau Potiphar sitzend drei Herren in byzantinischer Hofkleidung die Anklage vor, während draußen vor der Tür offenbar ihr Gatte herbeieilt. Unten läßt die aufgestandene Anklägerin dann mit dramatischer Geste von ihrer Dienerin das Beweisstück vorzeigen, das in der Oberzone noch absichtlich, wie man sieht, zurückgehalten wurde. Wie oft Potiphar selbst erscheint, ist eine Frage der Bilderzähl-Logik und -Psychologie.

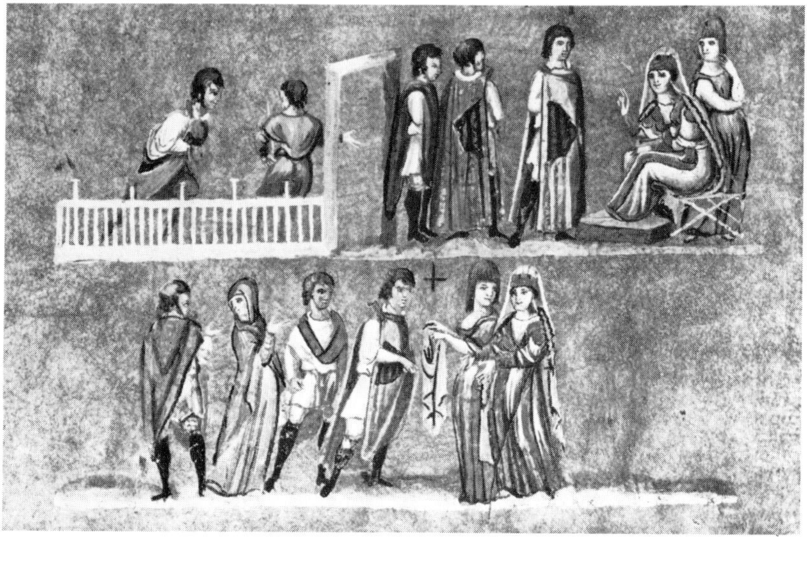

So kompliziert die Probleme der literarischen Quellen, der religionswissenschaftlichen Hintergründe und ihrer allgemeineren kultur- und sozialhistorischen Einbettung sich ausnehmen, so relativ einfach mag dennoch die Aufgabe erscheinen, die Bibelbilder dieser spätantiken Prachthandschrift in ihren Themen und malerischen Eigenarten zu charakterisieren und einem nicht einschlägig spezialisierten Leserkreis vorzustellen. Doch dieser Anschein trügt. Diese einführende Charakterisierung der Eigentümlichkeiten der Wiener-Genesis-Miniaturen wird den Leser nachhaltig darauf aufmerksam machen, daß die Bilder nicht einfach gemalte Momentaufnahmen sind, sondern offenbar kompliziert verschachtelte Szenenzusammenstellungen, die so etwas wie eine bildliche Fremdsprache darstellen. Mit anderen Worten: um die Bedeutungen der Bilderzählungen annähernd richtig lesen zu können, muß man sich ihre visuelle Grammatik aneignen. Um dem Leser die Bildsprache der Wiener Genesis möglichst deutlich vor Augen zu führen, ist es allerdings erforderlich, die Kunstwissenschaft nicht nur in ihren Sehweisen, sondern auch mit ihren Theorien und Fach-Begriffen zu Wort kommen zu lassen – und das um so mehr, weil dieses Fach den Prozeß des Lesenlernens anhand der Wiener-Genesis-Miniaturen selbst durchgemacht hat.

Musterbeispiel

Bewegte Bibel-Szenen auf der seltsamsten Brücke der Antike

Bildseite 23, die »Jakobs Übergang über den Fluß Jabok, seinen Kampf mit dem Gottesmann und die Namensgebung ›Israel‹« zum Thema hat, scheint für eine exemplarische Erörterung besonders gut geeignet *(siehe Falttafel)*. Als Ausgangspunkt soll zunächst eine Bildbeschreibung aus der jüngsten Faksimile-Ausgabe der Wiener Genesis dienen, weil sie den neuesten Forschungsstand bei genauester Kenntnis des Originals repräsentiert:

»Zwei übereinanderstehende Bildebenen sind durch das künstliche Motiv einer gebogenen Steinbrücke ... miteinander verbunden. In organischer Weise verläuft die Bewegung der Figuren oben von links nach rechts, biegt auf der Brücke um und schreitet sodann von rechts nach links voran ... Während die oberen Figuren in den Pergamentgrund hineinragen, ist die untere Bildhälfte voll ausgemalt. Ein rosiggrauer Nebel füllt den Raum aus; er mag auch als Andeutung der frühen Morgenstunde vor dem Aufgang der Sonne dienen. Fünf szenische Einheiten sind in der angedeuteten Form lückenlos aneinandergereiht.

a. *(Abb. 6)* In der linken Bildhälfte der oberen Ebene schreitet Jakob (in bräunlicher Talartunika und gelblichem Himation) an der Spitze seiner Familie. Auf ihn folgt einer seiner älteren Söhne (in weinrotem Rock und blauem Mantel); auf zwei Eseln reiten Lea und Rachel im Damensitz (gehüllt in weinrote Stola und blaue Palla bzw. in brauner Palla); den Zug beschließen die übrigen Söhne ...

b. *(Abb. 7)* Die zweite Handlungseinheit bildet die

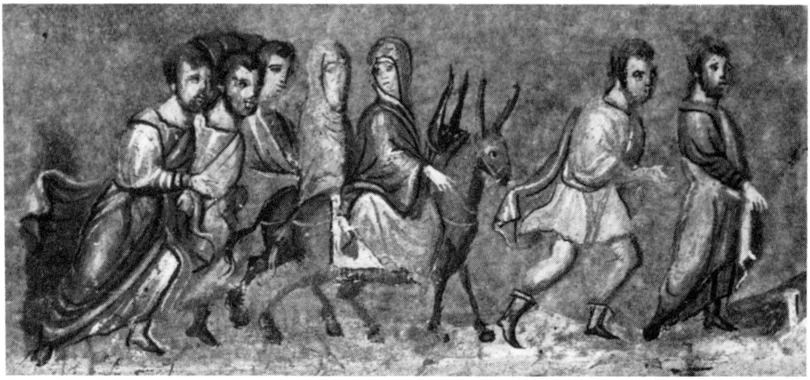

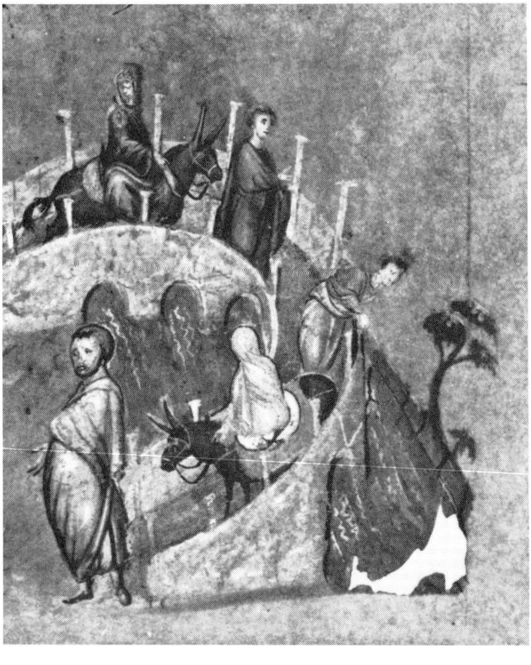

6,7 Wiener Genesis, Seite 23; Ausschnitte; erste und zweite ›szenische Einheit‹: Jakob und die Seinen beim Anmarsch und Zug über die Brücke.

Überquerung der Brücke ... Jakob hat eben die Brücke überschritten; eine der Frauen reitet ihm unmittelbar nach, dann folgt ein Jüngling, der in genrehafter Weise von der Brücke in den Strom blickt (an dessen anderem Ufer ein Baum steht); es folgen ein aufrecht gehender Sohn und die zweite Frau auf

8 Wiener Genesis, Seite 23; Ausschnitt dritte ›Szene‹: Jakobs Ringkampf mit dem Engel.

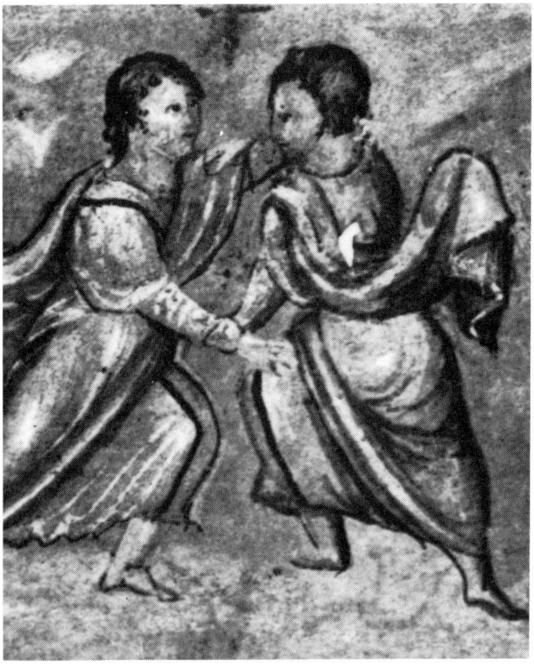

dem Esel. Die Gruppe ist also etwas verkürzt dargestellt.

c. *(Abb. 8)* Gemäß der Schrift war Jakob allein zurückgeblieben und hatte einen Ringkampf mit einem Gottesmann zu bestehen. Als der Mann nicht obsiegen konnte, berührte er Jakobs Hüfte und machte ihn lahmen. Über Jakobs Bitten segnete er ihn und verlieh ihm den Namen Israel.

Die erste der drei Szenen der unteren Bildebene stellt den Ringkampf Jakobs mit dem himmlischen Manne dar. Der Patriarch (Jakob) ringt mit dem in ein weißes Gewand gehüllten Mann so heftig, daß die Zipfel der Gewänder in der Luft flattern.

d. *(Abb. 9)* Die unmittelbar anschließende Szene muß gemäß dem Schrifttext die Namensgebung Jakob mit ›Israel‹ symbolisieren. Der Gottesmann (noch teilweise verdeckt durch den Gewandzipfel

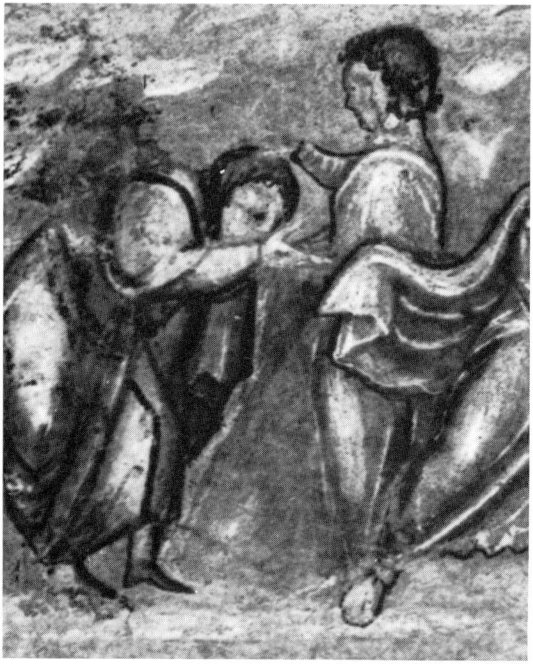

9 Wiener Genesis, Seite 23; Ausschnitt vierte ›Szene‹: Segen des Engels.

der gleichen Figur in der vorhergehenden Szene) steht ruhig und aufrecht und legt dem tief gebückten Patriarchen die Rechte auf den Kopf; Jakob erhebt seine beiden Hände in gebückter Orantenstellung.

e. *(Abb. 10)* Die indes weiterziehende Familie Jakobs ist am linken Bildrand als dicht zusammengedrängte Gruppe sichtbar. Voll ausgemalt sind die beiden Frauen auf den Eseln und zwei Söhne; zwei Gesichter tauchen halbverdeckt auf, der Rest wird durch (Kopf)-Kalotten angedeutet ...«[4]

An anderer Stelle des Faksimile-Kommentars findet man zur 23. Bildseite noch eine zusätzliche, beschreibende ›Deutung und Interpretation der Miniatur‹: »Eine Vielzahl von Einzelszenen ist in der Miniatur ... eingefangen; sie entstammen dem Handlungsablauf der Verse Gen. 32, 22–28 ... Die

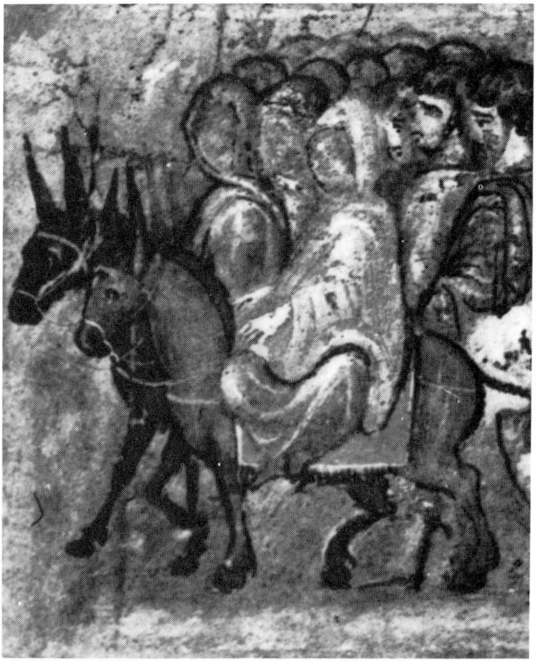

10 Wiener Genesis, Seite 22; Ausschnitt fünfte ›Szene‹: Die vorausziehende Familie.

obere Bildhälfte will als Illustration zu den Versen 22–23 verstanden sein, wo davon die Rede ist, wie Jakob seine Familie frühmorgens nimmt und über den Fluß führt. Dieser Ablauf ist aufgegliedert: die Tatsache des Aufbruches wird durch die Gruppe der reitenden und schreitenden Familienmitglieder in der linken oberen Bildhälfte dokumentiert; Jakob geht der Gruppe voran. Gleichzeitig kann dieselbe Figur Jakobs als Abschluß der den Fluß überquerenden Gruppe gedacht werden, da laut Gen. 32, 23 Jakob allein hinten blieb.

Im Bibeltext ist von der Überquerung des Flusses in einer Furt die Rede. Der Künstler hat jedoch diese Lesart vernachlässigt und anstelle der Furt eine Steinbrücke dargestellt, die er gleichzeitig in raffinierter Weise zur Umkehrung der Marschrichtung … verwendet hat. Jakob erscheint am vorderen Ende der Brücke; wieder kann er hier sowohl als Anführer der Familie aufgefaßt werden wie auch als allein zurückbleibender Mann gemäß Gen. 32, 24. Unmittelbar daran schließt sich in der unteren Bildmitte der Ringkampf mit dem Gottesmann an ... Die ganz links abgebildete Gruppe der Familie Jakobs deutet die Tatsache an, daß ... die Sippe bereits vorausgezogen war ... Aus kompositorischen Gründen kann sich die Kampfszene und die Szene der Namengebung zwischen Jakob und die Sippe geschoben haben; andererseits kann durch die Setzung der Gruppe an den Bildrand die räumliche Distanz zu Jakob bewußt angedeutet worden sein.«[5]

Diese sorgfältige Beschreibung erfaßt alle vom Bibeltext vorgeschriebenen Einzelheiten der Bildhandlungen; aber es bleibt ein unerklärter Überschuß: Faßt man zum Beispiel die Körperhaltungen und Bewegungen der Personen in der Oberzone schärfer ins Auge, so entdeckt man bald ihre auffälligen Körperdrehungen und Handgesten. – Gerade die Rückwendungen sowie die vorwärts und schräg abwärts gerichteten Arme und Hände scheinen wie dazu ausersehen, den Blick des Betrachters zu lenken. Sie wirken wie Wegweiser und stellen für die Augen offensichtlich eine wichtige Lesehilfe dar. Folgt man jedoch der Richtung der Arm- und Handhaltungen ohne Rücksicht auf irgendwelche Szeneneinheiten, so ergibt sich ein völlig irreales Geflecht von Querverweisen zwischen verschiedenen Stationen der Bilderzählung, das mit einer kompositorischen Verschachtelung aufeinanderfolgender Handlungs-Phasen nicht mehr zu erklären wäre: Denn das optische Wegweiser-System würde ja nahelegen, daß die Gestalten in der Oberzone voraus- und quer hinüberdeuten auf die zukünftigen Ereignisse in der unteren Zone, ohne sich an die Reihenfolge der Handlungsfortschritte zu halten. – Aber ist es wirklich denkbar, daß es in der bewußten oder unterbe-

wußten Absicht des spätantiken Malers lag, den Figuren am Ende des Zuges eine imaginäre Vorschau über die Brückenkurve hinweg auf die vorderen Handlungsabteile zuzumuten?
Natürlich könnte man sich in jedem einzelnen Fall mit den nächstliegenden Erklärungen zufriedengeben: daß die Armhaltungen der Frauen lediglich durch das Zügeln der Reittiere motiviert sind und daß die in eigenartigen Redegesten angewinkelten Unterarme der Söhne im ersten Szenenabteil der Oberzone nicht über ihre unmittelbaren Gesprächspartner hinausreichen. Aber am Verhalten der Gestalten auf der Brücke bemerkt man dann doch, mit welcher Freizügigkeit ihre Blicke in alle Richtungen schweifen: Die Blicke gehen nicht nur »genrehaft«

11 Wiener Genesis, Seite 23; Ausschnitt, Familienangehörige auf der Brücke.

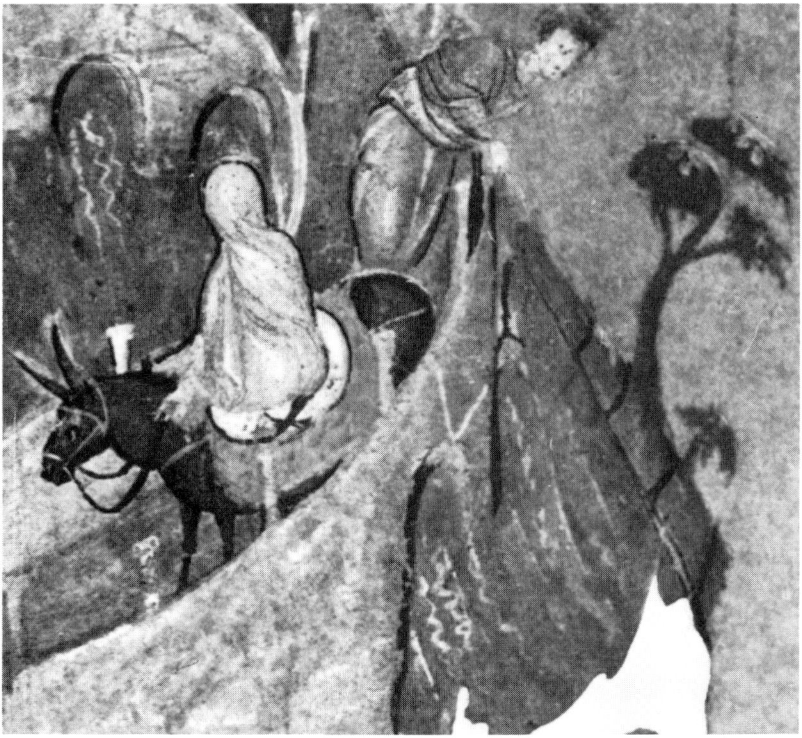

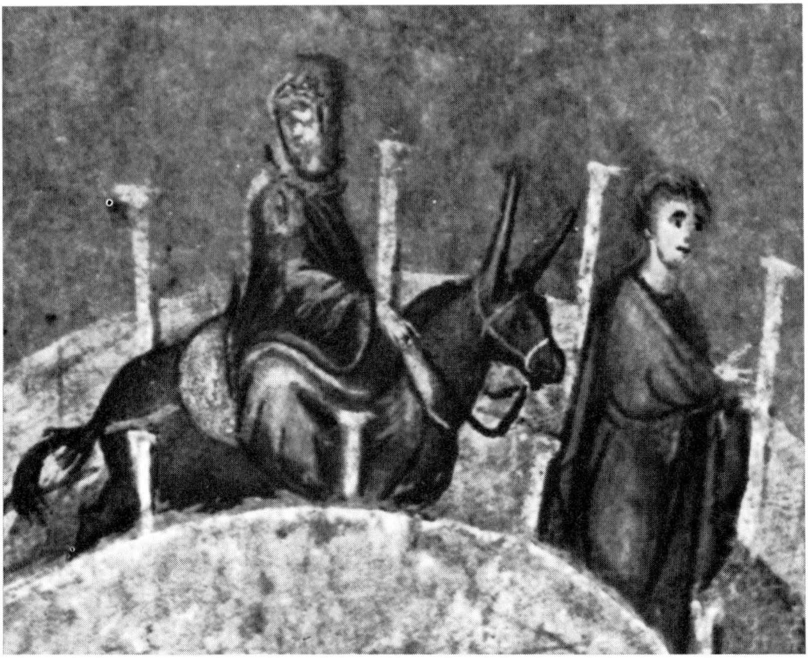

12 Wiener Genesis, Seite 23; Ausschnitt, Familienangehörige auf der Brücke.

von der Brücke herab auf den Fluß, sondern auch über die Brückenkurve zurück, wie es die erste Reiterin mit ihrer ostentativen Rückenansicht sinnfällig macht *(Abb. 11)*, oder über die Schulter auf die zurückliegende erste »szenische Einheit«, wie es von der zweiten Reiterin auf der Brücke demonstriert wird *(Abb. 12)*.

Ikonographisch, das heißt, vorlagenabhängig betrachtet könnte man hinter der Reiterin am Anfang der Brücke natürlich jene in der ersten ›Szene‹ noch vorhandene Begleitergruppe voraussetzen, der die Zuwendung der Frau ursprünglich gegolten haben müßte; das heißt, wir müßten nun fragen, welche Veränderungen diese Auslassung innerhalb der Bildhandlung zur Folge hatte. – Wir hätten es, so gesehen, mit einer Verkürzung der Bilderzählung zu tun, die das gesprächsweise Umwenden zum irrealen

Rückblick in der Zeit verfremdete, also den neuen Handlungszusammenhang durchaus nicht sinnlos machte. Hier wurde allem Anschein nach die ikonographisch nur negativ faßbare Verkürzung als positives Verfahren eingesetzt, um eine neuartige ›diachrone‹, das bedeutet, durch die Zeit reichende Handlungsstruktur herzustellen – immer vorausgesetzt, daß eine ›vollständige‹ Szene dieser ›Verkürzung‹ als Vorlage gedient hat; und gerade das ist eine keineswegs erwiesene Voraussetzung, denn die Illustration könnte von vornherein im ›irrealen Stil‹ entworfen worden sein.
An den Hauptpersonen der Bilderzählung sind die Zeit-Perspektiven noch auffälliger inszeniert, ohne daß man sich hier noch auf ›vorbildliche‹ Einzelszenen berufen könnte: Jakob, von dem es im zitierten Faksimile-Kommentar zweimal heißt, er könne gleichzeitig zu voraufgehenden wie zu nachfolgenden Szenen gerechnet werden, weil im Genesis-Text von seinem Zurückbleiben am Fluß die Rede ist, erscheint keineswegs nur als passiver und ambivalenter Statist des biblischen ›Drehbuchs‹. Sowohl am Anfang der Brücke wie an ihrem Ende stehend gibt er mit seinen Gesten und Mienen unübersehbare Hinweise auf die ihm bevorstehenden Ereignisse *(Abb. 13, 14)*. Von der oberen Bildzone scheint er, wie im Gespräch mit dem ihm folgenden Sohn oder der voraufreitenden Frau, die sich zu ihm umwendet, hinabzudeuten auf seinen Doppelgänger am Brückenende in der Unterzone; der aber gibt alle mimisch-gestischen Anzeichen, als sei er Augenzeuge des Ringkampfs, in den sein anderes Ich zwei Schritte weiter links schon verwickelt ist.
Der Kampf selbst spielt sich offensichtlich im Gedränge mit nachfolgenden Momenten der Geschichte ab, das sich einer in Bild-Einheiten ›denkenden‹ Sehweise nur als Zusammenschiebung und Überlappung von Einzelszenen darstellen kann

(Abb. 15); so betrachtet scheint der zweifach auftretende Gottesmann, Rücken an Rücken mit sich selbst, lediglich ein ungeschicktes Aneinanderreihen separater Bilder zu verraten. – Doch man kann die Bilderzählung auch anders lesen, indem man die formalen Eigenarten der Szenenzusammenstellung schärfer ins Auge faßt: Die beiden Leiber des Gottesmannes sind so hintereinandergeordnet, daß der in weiter Ausfallstellung Ringende und der ruhig Aufrechtstehende als Teile einer optischen Gesamtfigur erscheinen. Beide Gestalten entspringen einem gemeinsamen Fußpunkt und werden durch die Klammer des flatternden Mantels zusammengehalten. So gesehen könnte man sogar – im Gleichschritt mit dem Handlungsablauf in der Oberzone – auf den Gedanken kommen, an der Doppelfigur eine irreale Rückwärtsbewegung in der Zeit abzulesen, denn der flatternde Mantel ist visuell eigentlich nur aus der Fortbewegung von der – späteren – aufrechten Standhaltung her zu begreifen, so wie Jakobs flatternder Mantel von seiner Vorwärtsbewegung im ›Zeitraum‹ der Bilderzählung – von seinem Augenzeugenstandort aus – herzurühren scheint.

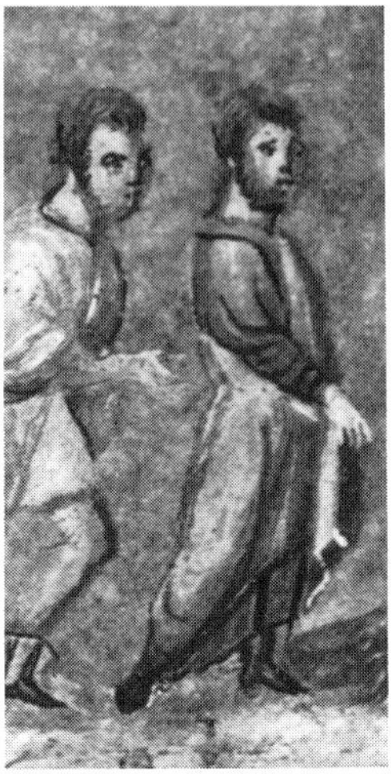

13,14,15 Wiener Genesis, Seite 23; Ausschnitte: Jakob als Wegweiser, Zuschauer und Hauptakteur der Bildgeschichte.

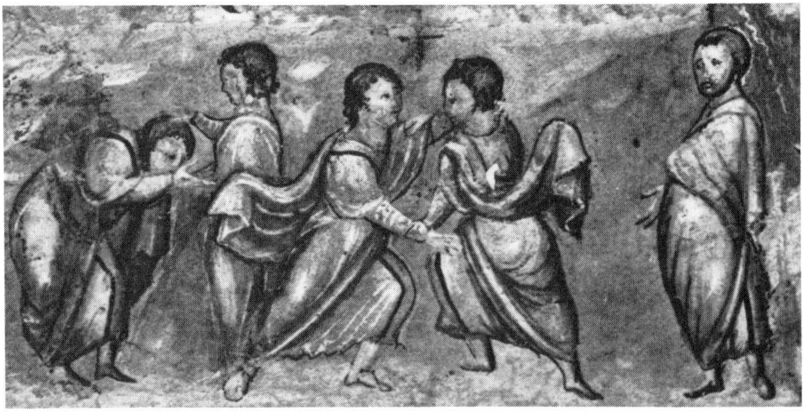

Alles in allem haben wir es also nicht nur mit gelegentlichen textbedingten Personen-Ambivalenzen wie im Fall Jakobs zu tun, sondern mit einer durchgehenden, irrealen Strukturierung der Bilderzählung, die imaginäre Vor- und Rückblicke, mimisch-gestische Querverweise und sogar zeitlich umgekehrte Bewegungsabläufe einspannt. Aber angesichts einer derart weitgehenden Auslegung der Bild-Komposition werden sich ebenso umfassende Bedenken einstellen: Hinsichtlich der flatternden Gewänder zum Beispiel kann man mit Recht fragen, ob solch ›bewegtes Beiwerk‹ noch naturalistisch als Resultat körperlicher Bewegung gemeint war, ob nicht vielmehr äußerlich angehängte Motive dieser Art in der Spätantike nur noch zeichenhaft Bewegtheit von Handlungen signalisierten; analoge Einwände könnte man auch hinsichtlich der Mienen, Gesten und Bezugswendungen vorbringen. – Doch gerade der zeichenhaft-symbolische Charakter einer Bilderschrift ist im Grunde genommen der unwirklichen ›Zusammensicht‹ von Begebenheiten viel angemessener, könnte man dem entgegenhalten; und so verschiebt sich nur das Problem der Realitätsgrade im einzelnen, die Frage nach den übergreifenden Strukturen der Bildfolge bleibt offen.

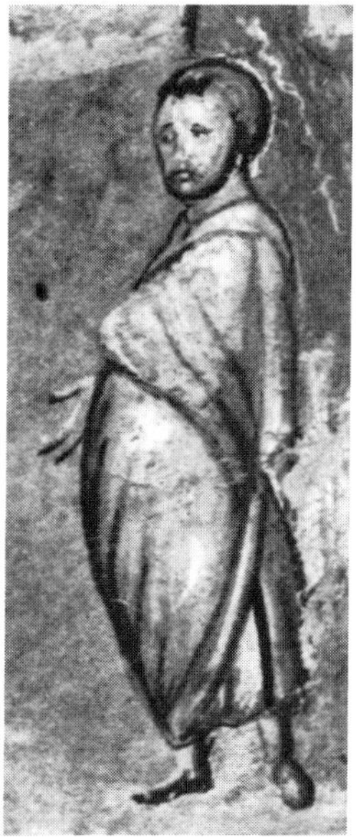

Die alternativen Beschreibungen unseres Hauptbeispiels zeigen mit aller Deutlichkeit, daß die Methode des vom Bibeltext ausgehenden, genauen Hinsehens doch zu ganz verschiedenen Problemstellungen führt, je nachdem, was man von vornherein erwartet oder für möglich hält: eine Zusammenstellung der Bildereignisse aus ›realistischen Einzelszenen‹ oder ein weitgehend ›irreales‹ Benehmen der Handlungsträger.

Diese verschiedenen Sehweisen sind aus dem vorgeschriebenen Bibel-Thema heraus nicht zu begründen. Man muß also einen anderen Erklärungszusammenhang suchen.

Perspektiven

Professionelle Betrachter und die ›Geschichte der Sehweisen‹

Die unterschiedlichen Sehweisen, die in der exemplarischen Bildbetrachtung gegenübergestellt wurden, sind Ergebnis kollektiver, aber nicht anonymer kunsthistorischer Forschung. Der Leser wird daher neben dem ›Gegenstand der Betrachtung‹ auch einige ›professionelle Betrachter‹ der Wiener Genesis namentlich genannt und zitiert finden, weil durch deren Ansichten und Einsichten nicht nur der Weg zum Verständnis der Genesis-Miniaturen vorbereitet und vorangetrieben wurde, sondern gleichzeitig auch eine allgemeinere Theorie der Bilderzählformen entwickelt worden ist.

Dem Leser wird also nahegelegt und auch zugemutet, das ›Objekt der Betrachtung‹ nicht nur an sich oder einfach mit den Augen des Autors zu sehen, sondern seinen wissenschaftlichen Werdegang aus wechselnden Perspektiven zu verfolgen; dadurch erhält er zugleich einen unmittelbaren Einblick in die langwierigen Lernprozesse der Kunstgeschichte.

»Als eins der frühsten christlichen Miniaturwerke ist eine fragmentierte griechische Handschrift der Genesis (in der kaiserl. Bibl. zu Wien) zu nennen; sie ... zeigt ... noch vorherrschend eine, der verdorbenen Antike entsprechende Auffassung und Behandlung.« Diese kurze und geringschätzige Erwähnung der Wiener Genesis stammt aus dem ersten allgemeinen ›Handbuch der Kunstgeschichte‹, das im zweiten Viertel des 19. Jahrhunderts dem im Entstehen begriffenen Fach Maßstäbe und Richtlinien setzte.[6] Ihr Autor, Franz Kugler, war nicht nur einer der ersten hauptberuflichen Kunstwissenschaftler (er war seit 1833 Professor an der Berliner Akademie und Dozent an der dortigen Universität), sondern auch einer der ersten Kenner und Liebhaber illuminierter Manuskripte; in seinen ›Kleinen Schriften‹ hat er beschrieben, wie er sich schon frühzeitig »in den Dichtungen des deutschen Mittelalters umgethan hatte«; das Heidelberger ›Rolandslied‹ und die Berliner ›Eneit‹ des Heinrich van Veldeke zum Beispiel gehörten zu seinen bevorzugten Studienobjekten, deren Bildwelten er mit großer Einfühlungsbereitschaft abzeichnete und kunsthistorisch zu würdigen verstand. Um so verwunderlicher scheint es, daß Kugler der spätantiken Wiener Genesis nur das Prädikat ›mangelhaft‹ zu erteilen bereit gewesen ist[7]. – Bewunderung für die vollkommen unklassische Malerei des Mittelalters, sofern sie nur deutsch war, und Geringschätzung der »verdorbenen Antike« in der byzantinischen Kunst, das war der merkwürdig zwiespältige ästhetische Ausgangspunkt einer Kunstwissenschaft, die doch gerade danach strebte, die Werke aller Völker und Zeiten möglichst unbefangen im geschichtlichen Überblick und Zusammenhang darzustellen.

»Von den Bildern, welche indess oft mehrere Vorstellungen enthalten, stellt das erste den Sündenfall, das letzte den Tod und das Begräbnis des Jacob dar«, notierte Kuglers Kollege Gustav Friedrich Waagen, ›Director der königlichen Gemälde-Gallerie und Professor an der Universität in Berlin‹, im zweiten Band seiner Reisestudien von 1867 über ›Die vornehmsten Kunstdenkmäler in Wien‹. Im Gegensatz zu Kugler kam Waagen zu einer positiveren Einschätzung der Wiener Genesis, und einige Miniaturen fand er sogar »von großer Schönheit und manche Motive des Raphael würdig«[8]; aber sein mit »indess« eingeleiteter Hinweis auf die »oft mehreren Vorstellungen« in ein und denselben Bildern signalisierte ein Problem, das für die Ästhetik des 19. Jahrhunderts von grundlegender Bedeutung

war – und dem die Wiener Genesis am Ende als Musterbeispiel gedient hat.
Die eigentliche kunstwissenschaftliche Geschichte der Wiener Genesis begann im Jahr 1895, als der damalige Bibliotheks-Präfekt Wilhelm Ritter von Hartel und der Wiener Universitäts-Professor der Kunstgeschichte Franz Wickhoff in der ersten vollständigen Ausgabe den griechischen Text und dessen Illustrationen kommentierten[9]; 1931 erschien das zweite, von Hans Gerstinger besorgte und erläuterte Faksimile[10], und 1980 kam ein weiteres, vom gegenwärtigen Leiter der Handschriftenabteilung der österreichischen Nationalbibliothek, Otto Mazal, kommentiertes Faksimile heraus[11]: eine illustre Publikationsgeschichte also, die auch unter den Büchern, deren Nachdrucke derzeit ›wie mittelalterliche Dome‹ angepriesen werden, herausragt und die von Anfang an – und besonders am Anfang – Kunstgeschichte gemacht hat.
Die Geschichte der Wiener Genesis ist – wie der Untertitel dieses Taschenbuchs sagt – eine kunstwissenschaftliche Bilderbuchgeschichte par excellence, denn selten sind Forschungsergebnisse so offenkundig von aktuellen zeitgenössischen Kunstanschauungen geprägt worden. Insbesondere Wickhoffs kunsthistorischer Kommentar von 1895 markiert nicht nur einen isolierten Wendepunkt in der Bewertung der künstlerischen Qualitäten der Genesis-Illustrationen – er fiel mit einem generellen Umbruch und Übergang auf mannigfachen Ebenen der Kunst-, Technik- und Theorie-Entwicklung zusammen: Während Wickhoff in Wien zum besseren Verständnis der Genesis-Miniaturen eine umfassende Geschichte der Bilderzählformen entwarf, wurde von den Gebrüdern Lumière das Kino erfunden und erschienen in amerikanischen Zeitungen die ersten ›comic-strips‹, veröffentlichte H. G. Wells seine ›Zeitmaschine‹ und Oscar Wilde ›Das Bildnis

16 Wiener Genesis, Seite 13; Rebekka am Brunnen.
Die unauffällig in zwei Bildzonen eingeteilte Miniatur zeigt die erste Begegnung Rebekkas mit Eliezer, den sein Herr Abraham nach Mesopotamien geschickt hatte, um für seinen Sohn Isaak eine Frau zu suchen. Man sieht Rebekka mit einem leeren Wasserkrug auf dem Wege von der Stadt, der links im Bogen an der ›Quelle‹ vorbeiführt, und dann ein zweites Mal am Brunnenbecken, wo sie Eliezer aus ihrem Krug trinken läßt.

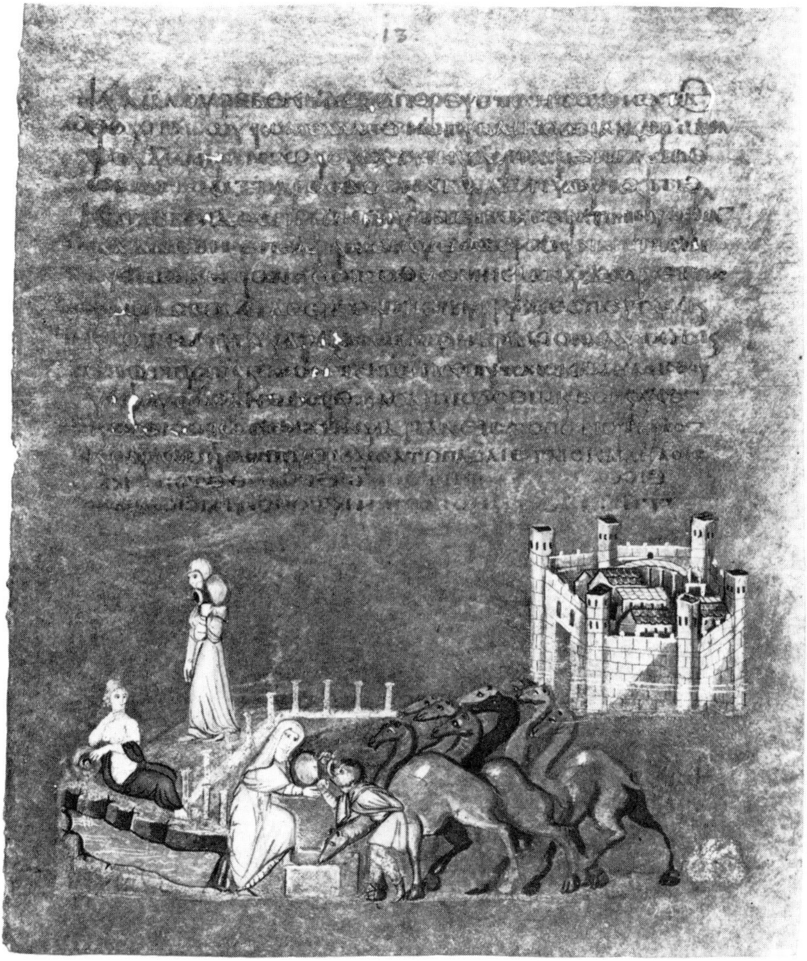

des Dorian Gray‹ – um nur wenige symptomatische Glanzlichter jener universellen Mobilisierung der Anschauungsformen zu nennen, in der diese Umbrüche zum Teil auch ›inhaltlich‹ thematisiert wurden. Die Bilder lernten nicht nur zeichnerisch und kinotechnisch, sondern auch in der Phantasie das Laufen. Während sich Wells' Zeitmaschine wie ein Zeitraffer in die Zukunft hinein und zurück be-

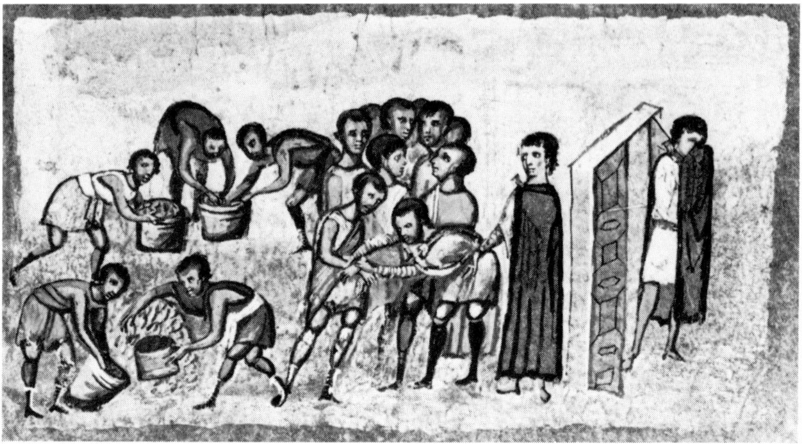

17 Wiener Genesis, Seite 37; Josephs Brüder in Ägypten.
Dieses voll ausgemalte Bild inszeniert auf bemerkenswerte Weise den Gegensatz von ›innerer‹ Gefühlsbetroffenheit und ›äußerer‹ Beherrschung, und zwar mit Hilfe des Tür-Motivs: Rechts hinter der Tür sieht man Joseph über die Reue seiner Brüder, die ihn aber nicht erkannt haben, weinen; links vor der Tür gibt er im byzantinischen Hofgewand ungerührt den Befehl, seinen Bruder Simeon zu fesseln und die Kornsäcke zu füllen.

wegte, alterte in Wildes Erzählung ein Porträt anstelle des Porträtierten.

Gestützt auf die Einsichten der experimentellen Sinnesphysiologie und Wahrnehmungspsychologie[12] begann man mit einer neuartigen ästhetischen ›Analyse der Empfindungen‹, des ›Bewußtseinsstroms‹, der ›Aufmerksamkeit‹ und der ›Stimmungen‹ ebenso neuartige technische und künstlerische Formen der Verwirklichung zu suchen – oder sah sie schon in Werken anderer Epochen vorgebildet; und gerade diese Rückprojektionen zeitgenössischer Sehweisen förderten auch neue Einsichten als den Kunstwerken selbst zuschreibbare Eigenschaften zutage, deren Geltung als wissenschaftliche Tatsachenerkenntnis ernsthaft diskutiert werden konnte und auch diskutiert worden ist. Mit anderen Worten: wo man auch hinschaut – die Grenze zwischen den jeweils vorherrschenden zeitbedingten Anschauungen und den jeweils tatsachenhaft vorgefundenen Forschungsergebnissen ist, genaugenommen, fließend; das heißt, ›wissenschaftliche Rezeptionsgeschichte‹ und historische Faktenbestimmung sind nie exakt voneinander zu trennen, sind vielmehr nur einander ergänzende Aspekte ein und derselben Sache.

Jede Beschreibung eines Kunstwerks wird, kritisch genommen, den vorgegebenen, objektbegrenzten Rahmen also gleich zweifach sprengen – und im Fall der Wiener Genesis liegt diese Konsequenz sozusagen schon auf der Hand: Wie so viele andere Gegenstände der Kunstgeschichte ist dieses Manuskript nicht das Werk einer einzigen ›Persönlichkeit‹, sondern eines ›Kollektivs‹; allein an der Ausmalung des Kodex waren rund ein Dutzend ›Hände‹ beteiligt; und der von zwei ›Händen‹ geschriebene Bibeltext als Primärbestandteil dieser spätantiken Luxushandschrift repräsentiert für sich genommen schon rund ein Jahrtausend religiöser Literaturgeschichte, von dem sich der aktuelle Entstehungskontext der Handschrift nicht ohne weiteres abnabeln läßt. – Auch der materielle Kunstgegenstand verliert bei näherem Hinsehen also zunehmend seine objekthaften Konturen, löst sich gewissermaßen auf in ein Stück Kunst- und Kulturgeschichte, das sich nicht mehr aus seiner individuellen Substanz heraus, sondern nur in übergeordneten Zusammenhängen begreifen und beschreiben läßt.

Für das wechselseitige Ineinandergreifen von Betrachter-Standpunkten und Gegenstands-Erschei-

18 Wiener Genesis, Seite 38; der Geldfund und Bericht der Brüder an Jakob. Die beiden Episoden verteilen sich in einer atmosphärisch gemalten Landschaft mit schräg in die Tiefe laufenden Wassergraben und einer in der Ferne schimmernden Stadt, die im Blau des leicht bewölkten Himmels verschwimmt. Der voraufgehende, seinerseits in zwei Momente eingeteilte Geldfund erscheint auch zeitlich ›zurückliegend‹.

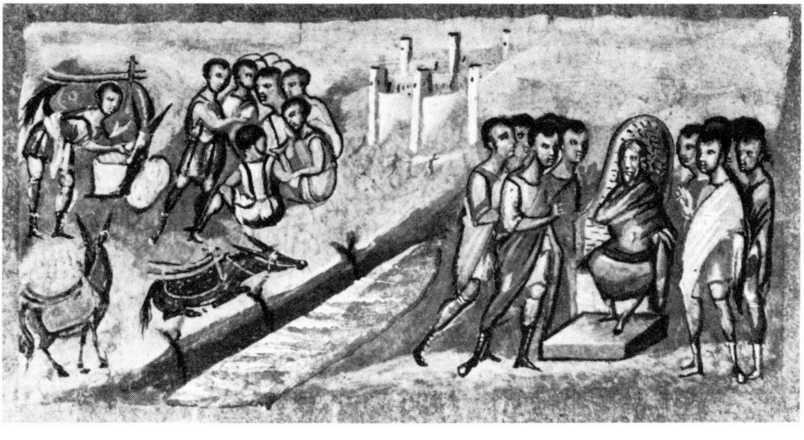

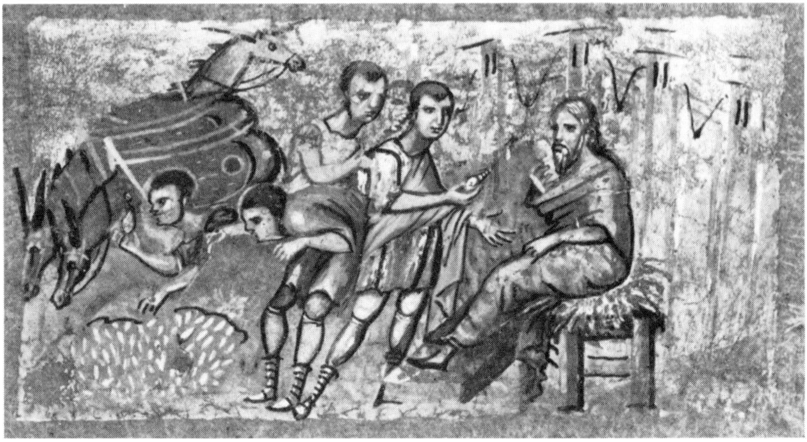

nung ist die Wiener Genesis ein bemerkenswertes Beispiel: Wickhoffs ›Datierung‹ und ›Lokalisierung‹ des Manuskripts – er hielt sie für ein charakteristisches Werk der ›römischen Reichskunst‹ des 4. Jahrhunderts – ist nach allem wissenschaftlichen Ermessen völlig falsch; dennoch sind die Beobachtungen und Einsichten, die ihn zu diesen ›falschen Ergebnissen‹ geführt haben, nicht nur von wissenschaftshistorischem, sondern nach wie vor auch von erkenntnispraktischem Interesse – und das um so mehr, weil sie in der neueren Literatur zur Wiener Genesis und den durch ihre Illustrationen aufgeworfenen Problemen der professionellen Kunstbetrachtung zunehmend auf Unverständnis zu stoßen scheinen.

19 Wiener Genesis, Seite 39; Josephs Brüder finden ihre Geldbeutel und zeigen sie Jakob. In dieser voll ausgemalten Miniatur wird das Ausschütten der Kornsäcke, Finden und Vorzeigen der Geldbeutel von zwei Brüderpaaren mit rhythmisch anmutender Links-rechts-Wendung ›auf der Stelle‹ vor den Augen des Vaters durchgeführt. Hinter dem sitzenden Jakob ist eine Stadtmauer mit wenigen Strichen skizziert.

Zeitanschauung

Die Uferlandschaften am Bewußtseins-Strom und der ›kontinuierende Stil‹

»Wollen wir das Wesen dieser Bilder erfassen, so wird die Frage nach der Art, in der sie erzählen, sich zunächst aufdrängen ...«, schrieb Franz Wickhoff 1895 zu Beginn seines Faksimile-Kommentars, der 1912 unter dem allgemeineren Titel ›Römische Kunst‹ als separates Buch erschien.[13] »Diese Art des Erzählens ist sehr auffällig; sie weicht auch von der, die wir in der Kunst unserer Tage zu sehen gewohnt sind, vollständig ab. Hier wird nicht ein entscheidender Moment gewählt, der die wichtigsten Personen des Textes zu einer gemeinsamen folgenreichen Handlung vereinigt, um sie uns in einem zweiten Bilde in anderer, nicht minder bedeutender Situation zu zeigen, während in einem dritten und vierten wieder mit Überlegung ausgewählte Szenen die Erzählung fortsetzen. Nicht einzelne Bilder ausgezeichneter, epochemachender Augenblicke treten zu einem Zyklus zusammen ..., sondern, wie der Text strömt, begleiten ihn, sanft gleitend und ununterbrochen, gleichwie die Uferlandschaften bei einer Wasserfahrt an dem Auge vorüberziehen, die jeweiligen Helden der Erzählung in kontinuierlich sich aneinanderreihenden Zuständen.«[14]
Als Musterbeispiel solcher ›kontinuierlich sich aneinanderreihenden Zustände‹ nahm Wickhoff gleich die ersten Miniaturen der Genesis *(Abb. 20)*: »So erscheinen uns gleich auf dem ersten Blatte Adam und Eva zuerst, wie ihm das Weib den Apfel reicht, dann gebeugt von der Scham über die erkannte Sünde. Wir sehen, wie sie sich in dem Busche verstecken, und die aus den Wolken gereckte Hand ... Rechenschaft ⟨verlangt⟩. Das alles in ›einer‹ Land-

schaft, ohne irgendwie trennende Glieder, so daß die ersten Eltern innerhalb einer umrahmenden Linie dreimal auf demselben Grunde erscheinen, erst sich zugewendet beim Sündenfalle, dann dem Gebüsch zueilend und schließlich hockend zwischen den Zweigen, um sich vor Gott zu verbergen. Ebenso setzt sich die Erzählung auf der zweiten Seite fort ... Von einer Auswahl des prägnanten Momentes, der nach der Meinung der Ästhetik des achtzehnten Jahrhunderts charakteristisch für die Erzählungsweise der bildenden Künste sein soll, ist überall nichts zu bemerken. Hier wandeln vor uns Gerechte und Sünder, zwei-, drei- und viermal, wenn es nötig, auf demselben Bilde erscheinend, unbekümmert um das Gesetz der Erfahrung, daß nur dasjenige zugleich gesehen werden könne, was zur gleichen Zeit vor sich geht, also unmöglich dieselbe Person im selben Augenblicke mehrmals in demselben Raume.«[15]

Bei aller Mannigfaltigkeit der Darstellungsmittel habe die bildende Kunst insgesamt doch nur drei Darstellungsweisen zur Verfügung, war Wickhoffs grundsätzliche Schlußfolgerung: außer der kontinuierenden, die von der Spätantike bis zur Renaissance vorgeherrscht habe, und der distinguierenden der griechischen Klassik, die dann in der Neuzeit ihren endgültigen Siegeszug angetreten habe, gebe es nur noch eine dritte, ältere, mit der alle historische Kunst überhaupt beginne; weil sie, zwar ohne die handelnden Personen zu wiederholen, doch alles, was vor- und nachher geschehe und für die Handlung wichtig sei, vollständig darzustellen suche, nannte Wickhoff sie die komplettierende. Auch diese Erzählungsweise widerspreche wie die kontinuierende der Erfahrung, daß nur gleichzeitige Begebenheiten zugleich gesehen werden könnten; aber sie stelle noch größere Anforderungen an die Phantasie des Beschauers als jene.[16]

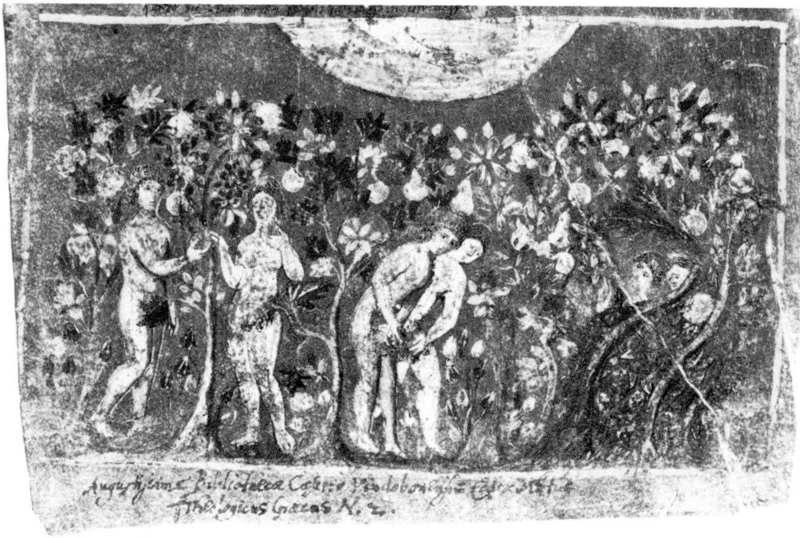

20 Wiener Genesis, Seite 1; der Sündenfall. In der ersten erhaltenen Miniatur sind drei Stadien der Geschichte ohne Szenentrennung nebeneinander gereiht: Links reicht Eva in Abwesenheit der Schlange Adam den Apfel, dann sieht man beide schamgebeugt in der Erkenntnis ihrer Nacktheit und schließlich rechts im Gesträuch verborgen, während Gottes Stimme in Form einer ›redenden‹ Hand im Himmelssegment Rechenschaft verlangt.

Dieses ›Nacheinander‹ der Bilderzählformen war damals nicht nur eine quasi-historische Reihenfolge, sondern ein kulturgeschichtliches Entwicklungs-Problem: die distinguierende Erzählungsweise – »die auch uns wieder die ausschließlich geläufige geworden ist«, so Wickhoff – habe sich aus der komplettierenden herausgebildet. Es sei leicht einzusehen, wie jenes Vielerlei der Handlung, das die komplettierende Erzählungsweise in einem Rahmen unterbringe, bei weiterer Entfaltung der Kunst in einzelne Szenen auseinanderfalle, so daß nur noch die ›ausgezeichneten‹ Momente zur Darstellung kämen; aber es sei schwierig, diejenigen Gründe zu finden, »die jene dramatischen Einzelszenen wieder zusammendrängte zu einem Gebilde, in dem der Held, hin und wieder gewendet, gleichsam in einem und demselben Augenblicke die ganze Tragödie vor uns aufführt«.[17]

Die besondere Eigenart des spätantiken kontinuierenden Stils sah Wickhoff in dem gleichmäßigen, alle auffällig-prägnanten Momente übergehenden

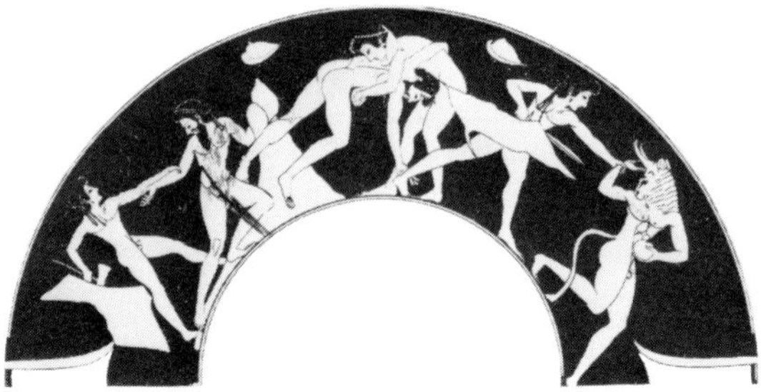

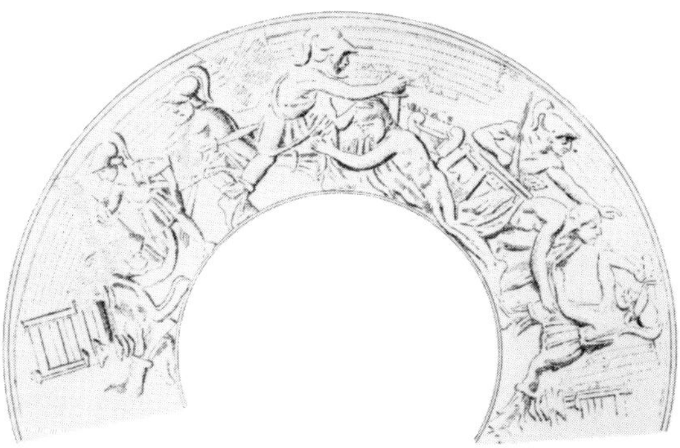

21,22 Theseus-Schale (London, Britisches Museum) und Homerischer Becher (Berlin, Staatliche Museen) mit mehrfachen Auftritten der griechischen Helden Theseus und Odysseus in den abgerollten Bildzonen (Nachzeichnungen).

Fließen der Bilderereignisse; und diese ›un-dramatische‹ Qualität wollte er sorgfältig von ähnlichen Erscheinungen in der älteren Kunst unterschieden wissen: In der griechischen Kunst fänden sich manche Erscheinungen, die bei flüchtiger Betrachtung auf ein frühes Auftreten des kontinuierenden Stils schließen ließen; so seien z. B. auf den rotfigurigen Theseusschalen die einzelnen Taten des Helden räumlich nicht voneinander getrennt, er erscheine in jeder Szene wieder und die Figuren der einen Szene überschnitten an den Szenengrenzen die Figuren der anderen. Dennoch gehörten diese Schalen dem distinguierenden Stil an; es seien einzelne ausgezeichnete Momente aus dem Leben des Theseus, die hier dargestellt würden; keinesfalls sei gemeint, daß sie zeitlich miteinander verbunden seien, sich kontinuierlich folgten, so als ob sich Theseus, nachdem er einen Unhold erschlagen habe, umwende, um einen anderen zu bekämpfen *(Abb. 21, 22)*. Ähnlich stehe es mit den sogenannten Homerischen Bechern und dem kleinen Pergamon-Fries aus hellenistischer Zeit; auch diese Kunstdenkmäler seien nur Zeugnisse eines pseudo-kontinuierenden Stils.[19]

Immerhin mußte Wickhoff aber zugestehen, daß schon in der vorgriechisch-orientalischen Kunst vereinzelte Beispiele des kontinuierenden Stils vorgekommen seien. Der Weg vom komplettierenden Stil her sei nicht schwer zu finden gewesen, wenn der Held in allen Szenen, die zur Vervollständigung der Hauptszene hinzugefügt wurden, persönlich wie-

23 Phönizische Silberschale (Stich) mit den Jagdabenteuern eines orientalischen Königs im äußeren Bildring. Die Bildgeschichte beginnt mit der Ausfahrt im Streitwagen aus der Stadt oben rechts und endet dort mit der Rückkehr.

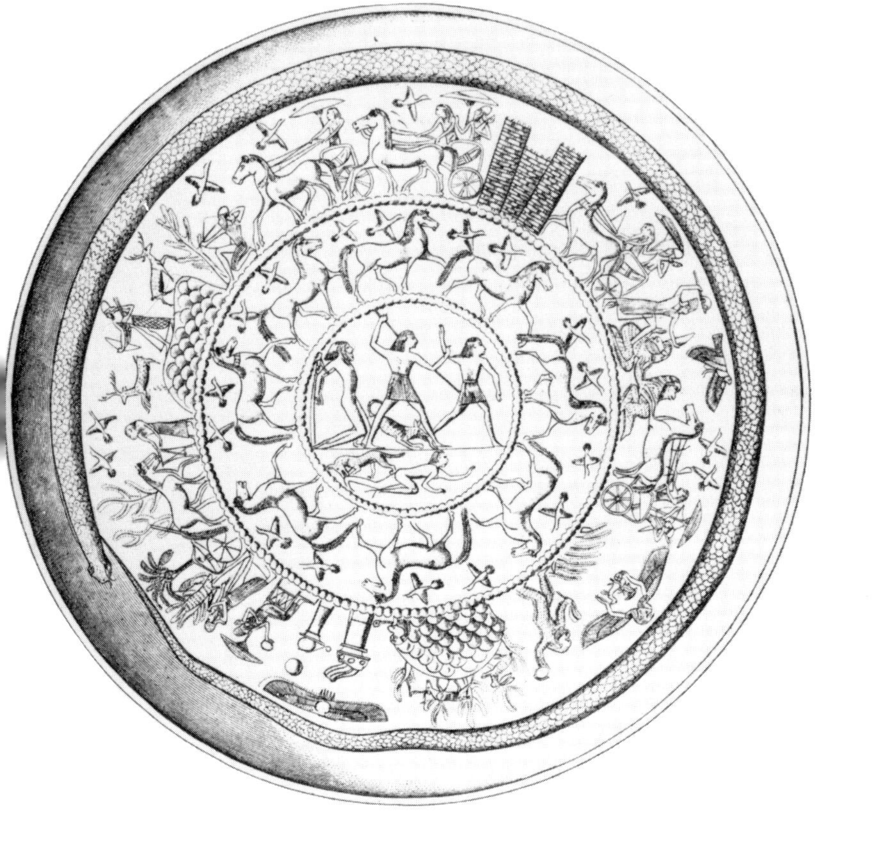

derholt wurde. Die Silberschale aus Präneste *(Abb. 23)* mit der Jagd-Geschichte eines mythischen Königs sei solch ein Beispiel kontinuierender Darstellungsweise. Dieser Stil sei aber damals nur vereinzelt aufgetreten und habe auf die hellenische Kunst keinen Einfluß gehabt.[19]

Nicht das erste Auftauchen eines Motivs sei von Bedeutung, betonte Wickhoff, sondern seine Verbreitung und Verbindung mit anderen, ähnlich gerichteten Erscheinungen. »Ein dauernder Kunststrom entsteht nicht aus einer Quelle, sondern mannigfache Zuflüsse speisen ihn, bis er mächtig anschwillt, und wenn wir seinen Lauf... beschreiben wollen, dürfen wir es nicht unterlassen, 〈auch an〉 den Nebenflüssen entlang zu gehen.«[20] – Für Wickhoff war das, was er als ›römische Reichskunst‹ ansah, ein solcher, mächtig anschwellender Kunststrom – ganz im Gegensatz zur geläufigen Sicht der spätantiken Kunst, die eher einem in der Wüste der frühmittelalterlichen Barbarisierung versickernden Flußlauf glich. Er sah diese ›Reichskunst‹ sich vor allem auf italischem Boden entwickeln und zu einer von der griechischen und orientalischen prinzipiell unterschiedenen Eigenständigkeit heranreifen. In Wickhoffs Augen war ihre wichtigste Quelle der ›Illusionsstil‹ des zweiten und dritten nachchristlichen Jahrhunderts; dieser Stil unterschied sich nicht nur durch seine Mittel von den voraufgehenden Kunstformen der Naturwiedergabe, sondern vor allem durch seine veränderte Auffassung: Die ältere Kunst habe durch die Wiedergabe des Organischen und Wesentlichen zu wirken gesucht; die neue Kunst dagegen wähle nur noch das aus der Masse des Wirklichen, was geeignet sei, den Eindruck der Erscheinung in einem bestimmten Moment täuschend wiederzugeben.

Vor allem in der illusionistischen Malerei fand Wickhoff eine ›immer genauer und bedachtsamer

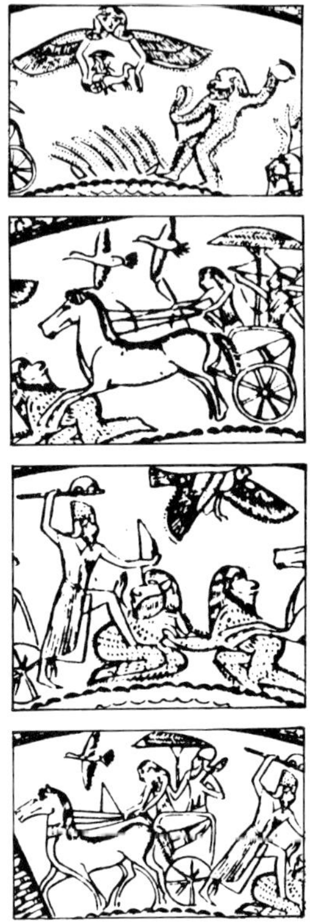

24 Phönizische Silberschale.
Ausschnitte des Kampfs mit einem affenähnlichen Wesen; von oben nach unten:
Eine geflügelte Gottheit rettet das Gefährt vor dem Angreifer, dann wird der Wilde überfahren und niedergemacht.

werdende Beobachtung der Natur‹ am Werk, die er mit den Einsichten der Sinnesphysiologie und Wahrnehmungspsychologie seiner Zeit erläuterte: Bei der Übersetzung des angeschauten Körpers in eine Darstellung auf der Bildfläche herrsche, ehe der Illusionismus auftrete, in der antiken wie in der modernen Kunst immer das Bestreben vor, die bezeichnenden Formen in geschlossenem Zusammenhange zu geben. Selbst bei Beachtung der Linear- und Luftperspektive habe sich die ›naturalistische‹ Kunst doch immer darum bemüht, alle Einzelheiten des Bildes konturscharf durchzuarbeiten, gleichgültig ob sie im Vordergrund standen oder sich in der Ferne des Hintergrundes befanden. Trotz streng festgehaltenem einheitlich-perspektivischem Augenpunkt oder farblicher Berücksichtigung von Lufttrübungen seien also die resultierenden Bilder nicht gleichbedeutend mit der Wiedergabe eines bestimmten, einzelnen Sehaktes, sondern Verquickungen der Eindrücke verschiedener Seh-Akte bei beständig wechselnder ›Akkommodation‹ der Augen. Den Naturalisten in ihrem Wirklichkeitseifer sei nicht bewußt geworden, daß ihre Bilder nicht eine Nachahmung dessen waren, was der momentane Anblick bietet, sondern ›nur‹ das Resultat ihrer ›Naturstudien‹ und fortgesetzten Beobachtungen an den darzustellenden Gegenständen und Personen.[21]
Dank der naturalistischen Sehübungen konnte sich schließlich die Einsicht durchsetzen, »daß uns ein Körper, den wir in seiner Farbigkeit und zufälligen Beleuchtung erblicken, nicht jene zusammenhängende Modellierung zeigt, wie das künstlich beleuchtete Relief in der Zeichenschule, sondern daß sein Bild sich zusammensetzt aus nebeneinander stehenden, unter sich ganz verschiedenen Lichtwerten und ihren physiologischen Wirkungen auf das Auge, daß also das Bild, das ein Gegenstand unserem Auge bietet, nicht das eines sanft modellierten Reliefs ist,

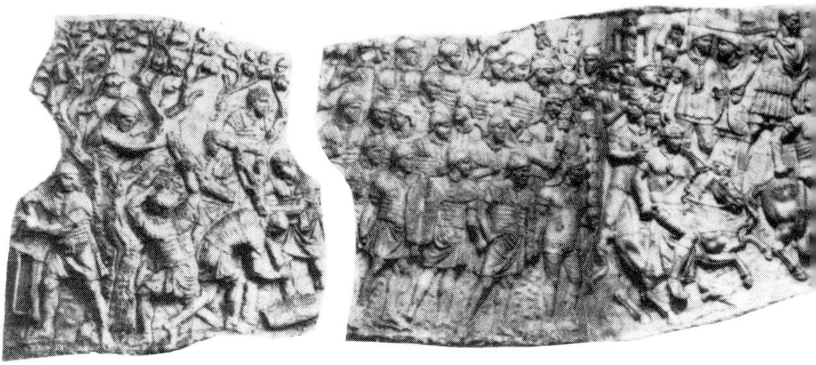

sondern aus einem Nebeneinander von Flecken und Punkten verschiedener Färbung und Lichtstärke besteht ..., ⟨und⟩ daß vor allem nicht alle Gegenstände des Bildes zugleich gleich deutlich wahrgenommen werden, sondern nur jene, welche wir fixieren, während die anderen, sei es nun dahinter oder davor, mehr oder minder in Formen und Umrissen verschwimmen ...«[22]

Aus dieser Einsicht ergaben sich grundlegende kunsthistorische Konsequenzen: »... der Naturalist besorgt selbst den letzten Zusammenschluß der Form, die dann der Beschauer als etwas Fremdes abliest. Der Illusionist zwingt ihn jedoch, die letzte Verbindung der Eindrücke zu Formen selbst vorzunehmen, und indem er ihn zur Formbildung mit heranzieht, erregt er in ihm die zwingende Überzeugung von der Wirklichkeit des Geschauten, eben weil er ihn an der Vollendung der Täuschung hat geistig mitarbeiten lassen. Indem sich der Maler der Hilfsmittel des illusionistischen Stiles bedient, kann er den Beschauer zu analogen physiologischen Vorgängen leiten wie bei dem Seh-Akte: er legt ihm nicht mehr ein Bild vor, an dessen Wahrheit er beliebig glauben kann, sondern er nötigt ihn, dasselbe

25,26 Rom, Trajanssäule. Das aufwärtsspiralende Reliefband zeigt die Feldzüge des römischen Kaisers Trajan zur Unterwerfung Daciens (Rumänien und Siebenbürgen) in den Jahren 101–107 n. Chr.

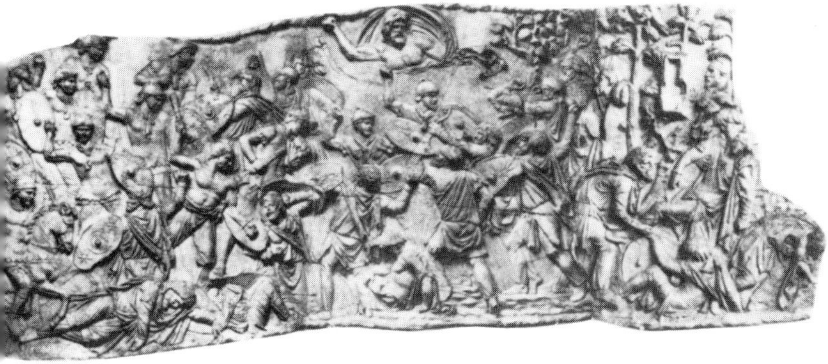

selbst körperlich so zu gestalten, wie er, der Maler, es nach seinem Willen ihm vorbereitet hat ...«[23] Dieser neuartig-suggestive, ›seiner Wurzel und seinem Wachstume nach ganz römische‹ Illusionsstil verschmolz in Wickhoffs Augen mit der kontinuierenden Erzählungsart: »Was uns wichtig ist, mögen ihre Ursprünge welche immer sein, das ist, daß sie, verbunden mit dem illusionistischen Stile, zur römischen Reichskunst wird ...«[24] – Diese ›Reichskunst‹ hatte hervorragende Denkmäler hinterlassen, denen Wickhoff auf dem Wege zur Interpretation der Wiener Genesis-Miniaturen ausführliches Augenmerk widmete: »Wie der komplettierende Stil dem Epos, der distinguierende dem Drama entsprach, so vertritt der kontinuierende Stil, der uns an der ›Säule des Trajan‹ *(Abb. 25, 26)* entgegentritt, die historische Prosa. Ununterbrochen folgen sich dort die Darstellungen der kaiserlichen Feldzüge ...; ... wenn wir die dreiundzwanzig Windungen der Säule umschreiten, finden wir ihn dort über neunzigmal, so daß er auf einer Windung oft mehr als viermal wiederkehrt. Aber ferne davon, daß uns seine Wiederkehr ermüden würde ... Das Kunstmittel der beständigen Wiederholung, das dem nachdenkenden Verstande die Einheit zu zerreißen scheint, erregt die Phantasie des

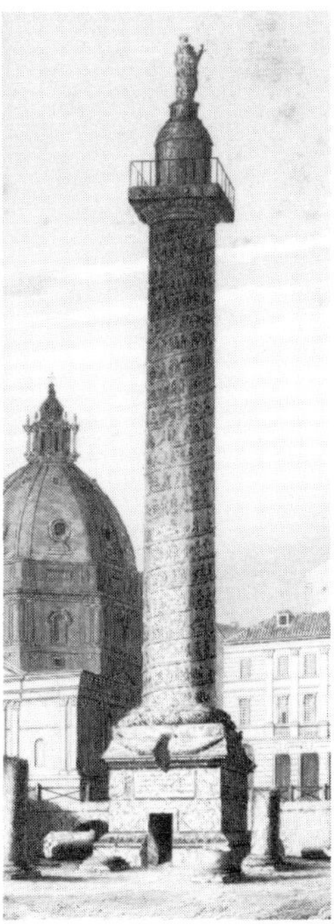

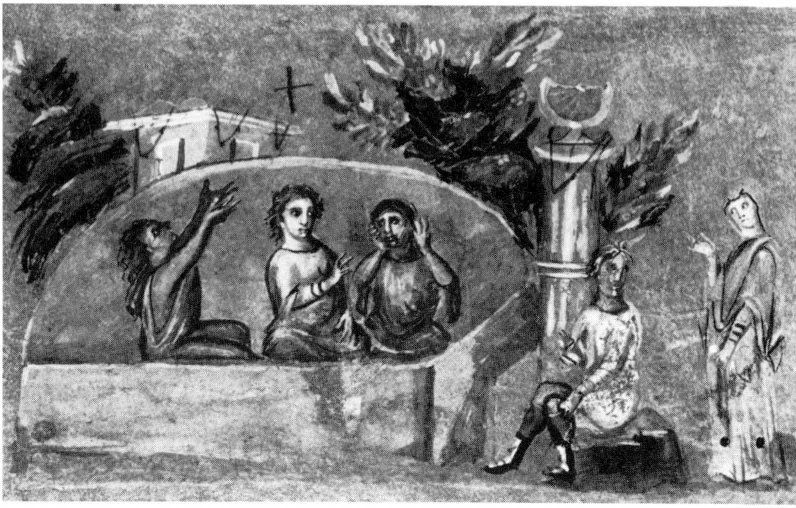

Betrachters, der, wenn er nur seinen Helden durch alle Fährlichkeiten begleitet hat und endlich das große Ziel der Unterwerfung Daciens, das sich der Kaiser vorgesteckt, erreicht sieht, die Empfindung heimträgt, als hätte er den ganzen Krieg an des Kaisers Seite mitgemacht.«[25]
Die Kunstmittel, durch welche das Gefühl, einer ununterbrochenen Folge von Ereignissen zuzusehen, so eindringlich gemacht werde, sind wieder die der »kontinuierenden Darstellungsweise, die allein diese Empfindung zuwege bringen können, dieses Ineinandergleiten von Stadt, Fluß, Zelt, Wald, Feld, Soldaten, Reitern, Marsch, Schiffahrt, Schlacht, Beratung, diese Menschenmassen in ihrem Aneinanderschieben, Ballen, Sichauflösen, Sichvereinzeln, dieses periodische Unterbrechen des ewigen Flusses durch das Auftauchen des Kaisers, das den Betrachter zu regelmäßigem Überlegen und Aussondern der Begebenheiten leitet.«[26]
Wickhoff faßte seine Betrachtungen der römischen Reichsdenkmäler, in deren Tradition er die Wiener Genesis sah, mit fast beschwörend klingenden

27 Wiener Genesis, Seite 33; Joseph im Gefängnis. Die ›Architektur‹ des Gefängnisses ist auf den anschaulich wesentlichen Sachverhalt von ›Drinnen‹ und ›Draußen‹ reduziert. Draußen stehen Bäume, Häuser und eine Säule mit Sonnenuhr; draußen sitzt auch der Wächter und spricht mit einer im Bibeltext nicht genannten Frau (Frau Potiphar oder Josephs Zukünftige?). Drinnen sitzt Joseph und deutet die Träume des offensichtlich erfreuten Mundschenken und des betrübten Bäckers.

Worten zusammen: »Eine neue abendländische, römische Kunst ist vor uns aufgestiegen.« Und damit trat für ihn auch die nachfolgende christliche Kunst in einen neuartigen Traditionszusammenhang: »Dem schwulstigen Barocco im zweiten Jahrhundert vor Christo war ... ein Stil nüchterner Einfachheit gefolgt, der sich in der letzten hellenistischen Kulturstätte, in Rom, zum strengen Naturalismus umgebildet hatte; dann war auch der durch die italische Illusionskunst überwunden worden, die sich von der zweiten Hälfte des ersten Jahrhunderts unserer Ära im ganzen Römerreiche verbreitete.

So betrachtet war es alles andere als überraschend, in der Wiener Genesis Seite an Seite mit kontinuierenden auch rein illusionistische Darstellungen wie das Mahl des Pharao *(Abb. 28)* oder die Wiedergabe atmosphärischer Phänomene und ›Stimmungen‹ des südlichen Himmels durch veilchen- bis fliederfarbene Hintergründe in den ägyptischen Szenen der Josephsgeschichte oder in den letzten erhaltenen Miniaturen des Manuskripts *(Abb. 32, 46)*

28 Wiener Genesis, Seite 34; Gastmahl des Pharao. Den größten Teil des voll ausgemalten Bildes nimmt das Festgelage mit Musikbegleitung ein, das die erfüllten Prophezeiungen Josephs mit ihrer positiven Seite in den Vordergrund schiebt: der Mundschenk bedient eigenhändig den Pharao auf dem Speisesofa. Rechts im Bild ist die negative Seite der Weissagungen, der Tod des Bäckers am Gabelkreuz, weit in den ›illusionistischen‹ Hintergrund – noch hinter eine Dreiergruppe von pielenden Knaben – gerückt.

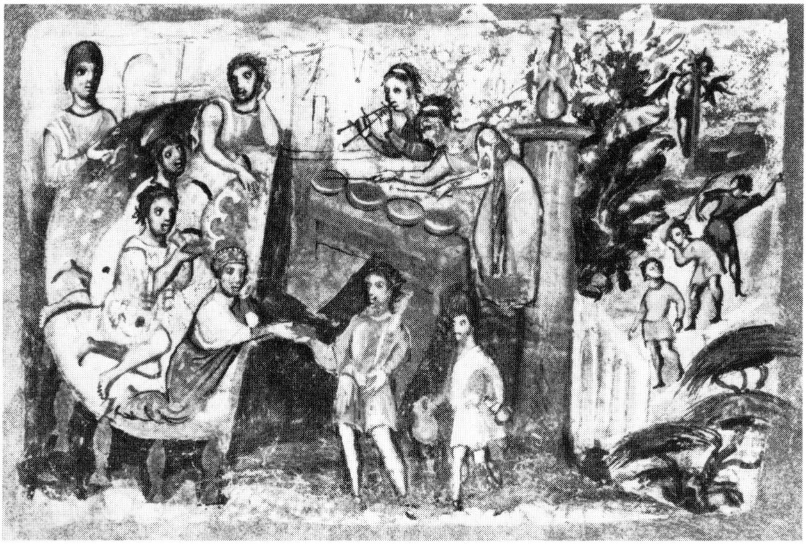

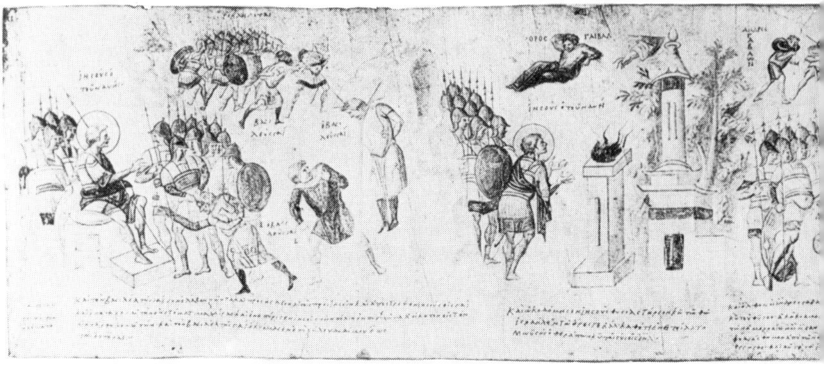

29 Josua-Rotulus (Rom, Vatikanische Bibl.); zwei Teilstücke der byzantinischen Bildrolle mit den Taten des alttestamentlichen Feldherrn Josua.

vorzufinden, zumal er sich für dieses bemerkenswerte ›Nebeneinander‹ von kontinuierenden und koloristischen Eigenarten auch auf eine literarische Quelle berufen konnte: auf die berühmten und umstrittenen ›Eikones‹, das heißt, ›Bilder‹⟨beschreibungen⟩ des Philostratos, von denen noch die Rede sein wird.

Wickhoff schloß sein großangelegtes Unternehmen, die Miniaturen der Wiener Genesis in neue angemessenere Verständniszusammenhänge zu rücken, in der Überzeugung, daß die Formen und Eigenarten der jungen frühchristlichen Kunst unmittelbar aus der ›römischen Reichskunst‹ hervorgegangen waren; als direkten Beleg führte er den vatikanischen ›Josua-Rotulus‹ *(Abb. 29)* an, der lange Zeit für spätantik gehalten wurde: »Unter allen Werken der Malerei kommt keines den Reliefs der Trajanssäule so nahe ... als diese elf und einen halben Meter lange Rolle, auf der ununterbrochen die Taten Josuas ... dargestellt sind ... Wie den Kaiser auf den Siegessäulen sehen wir hier den biblischen Helden mit seinem Heere ziehen, kriegen, siegen, erobern, richten ..., einundzwanzigmal auf dieser Rolle, während sich hinten ununterbrochen die Landschaft hinzieht, mit den Szenen und für die Szenen sich verwandelnd.«[28]

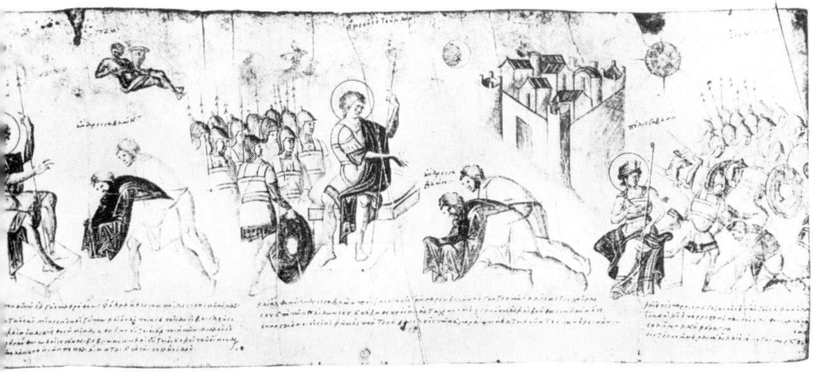

Grenzübergänge

Die Koexistenz des Konsekutiven in der ›Literatur in Bildern‹

Das schöne Sprachbild vom Dahinströmen der (Bild)-Erzählung, das Wickhoff einleitend zur Charakterisierung des kontinuierenden Stils heranzog, war nicht neu und hatte sogar schon mit speziellem Blick auf die frühchristlichen Bibel-Handschriften Verwendung gefunden: »Von gewiß vielen sind leider für uns nur zwei Beispiele übrig«, schrieb der Hegelianer Heinrich Gustav Hotho[29] (seit 1829 Professor der Kunstgeschichte in Berlin); »die Zeichnungen zur Genesis in der K.K. Bibliothek zu Wien, und in ersichtlich spätrer Copie die schöneren zum Josua im Vatican ... Die Geschichte des Helden läuft auf der mehr als dreißig Fuß langen Rolle, Scene für Scene abgerundet, in ununterbrochenem Strome fort ... Im Wiedererneuen der älteren Vorzüge übertrifft dies Werk die Miniaturen zur Genesis ohne Frage. Auch hier ⟨in der Wiener Genesis⟩ sind die Hergänge klar verdeutlicht. Die schöne Gliederung der Composition scheint jedoch ungewollt aufgegeben. Die Figuren zerstreuen, vereinzeln oder schaaren sich dicht zusammen, und deuten durch lahmere Formen auf greisenhafte veraltende Kunst.«

Dieser wertende Vergleich der beiden ›Bilderbücher‹ ist nicht nur wegen seiner Kulturverfall-Perspektive, gegen die Wickhoff später Front machte, bemerkenswert; die zwiespältige Bemerkung über den »ununterbrochenen Strom ⟨in sich⟩ abgerundeter Szenen«, die Hotho so beiläufig in das Lob des Josua-Rotulus einflocht, enthielt im Grunde schon jene beunruhigende Beobachtung der »indess oft mehreren Vorstellungen«, die sein Kollege G. F. Waagen 1867 an den Miniaturen der Wiener Genesis machte. In diesen unscheinbaren Widersprüchen steckte jenes Fundamentalproblem der Ästhetik des 18. Jahrhunderts, das auch Wickhoff noch so intensiv zu denken gab.

Im Jahr 1766 hatte Lessing die berühmte Marmorskulptur des »Laokoon« zum Anlaß genommen, die Frage nach der ästhetischen Angemessenheit seiner in Stein verewigten, in Wirklichkeit aber vorübergehenden Todesqualen und die Möglichkeiten visueller und verbaler Ausdrucks-Darstellung grundsätzlich zu erörtern; und auch die ›Einheit der Handlungen in Zeit und Raum‹ bei künstlerischen Darbietungen, sei es nun im Theater oder in der bildenden Kunst, war ein allgegenwärtiges Problem. Lessing hatte in seiner Laokoon-Schrift ›über die Grenzen der Malerei und Poesie‹[30] dem Dichter die Zeitfolge, das ›Sukzessive‹, dem Maler aber das ›im Raume Koexistierende‹ als exklusive Schaffensgebiete zugewiesen: »Zwei nothwendig entfernte Zeitpunkte in ein und eben dasselbe Gemälde bringen« verwarf er als »Eingriff des Malers in das Gebiet des Dichters, den der gute Geschmack nie billigen wird«; und umgekehrt kam ihm der Versuch einer bildhaften Schilderung einem »Eingriff des Dichters in das Gebiet des Malers« und einer »Collision des Consecutiven der Rede mit dem Coexistirenden« gleich.

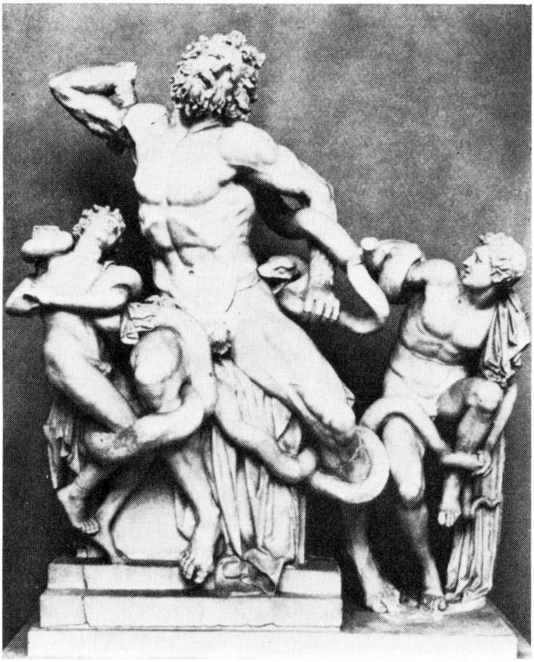

30 Hellenistische Marmorskulptur (Rom); der Trojanische Priester Laokoon mit seinen Söhnen von Schlangen erdrosselt.

›Kleine Eingriffe‹ ins jeweils andere Schaffensfeld hatte Lessing allerdings nicht gänzlich ausschließen wollen, weil in großen Gemälden zum Beispiel der einzige Augenblick fast immer etwas erweitert sei. Es sei dieses jedoch eine Freiheit, die der Meister durch gewisse Feinheiten der Anordnung rechtfertigen müsse. Diese ›kleinen Eingriffe‹ und ›Feinheiten der Anordnung‹ wenn nicht die zu einfachen Grundgesetzen verhärteten Grenzvorschriften Lessings wurden für die nachfolgende Generation zum Dreh- und Angelpunkt von Kontroversen, die sich vor allem an den ›klassischen‹ Erbstücken der Antike und ihren ›Verfallsprodukten‹ entzündeten.
Das bemerkenswerteste interdisziplinäre Streitobjekt waren die ›Eikones‹ des Philostratos[31], eines wohl um die Wende vom zweiten zum dritten Jahrhundert nach Christus lebenden ›sophistischen Kon-

zertredners‹, dem ein Teil der Philologen und Kunstkenner vorwarf, seine Bilder-Beschreibungen einfach erfunden zu haben, um seine rhetorischen Fähigkeiten herauszustreichen. In den zahlreichen Schriften und Stellungnahmen zu der Frage, ob die Bilder tatsächlich existierten und was der rhetorischen Ausschmückung zuzuschreiben sei, finden sich bereits Vor-Formulierungen dessen, was Wickhoff dann als besondere Stil-Merkmale der ›römischen Reichskunst‹ hervorhob. Einer der heftigsten Kritiker der ›Philostratischen Bilder‹, K. Friedrichs[32], nahm 1860 die Tatsache, daß »eine sehr große Anzahl von philostratischen Bildern ... in mehrere Scenen ⟨zerfällt⟩, deren jede dieselben Figuren, nur in verschiedener und zwar fortschreitender Aktion darstellt«, zum Anlaß, darin zum Teil rein »continuierliche Erzählungen« des Redner-Dichters, nicht aber Beschreibungen vorhandener Bilder zu sehen. Wichtigste Indizien im Sinne der Lessingschen Grenzziehung waren für Friedrichs, ob es in den ›Bildern‹ noch »fixierte Momente« und Szenentrennungen gab, während dichterisch-erzählende »Folgen von Momenten, ⟨die⟩ Handlungen nach ihrem ganzen Verlauf darstellten«.

Friedrichs berief sich keineswegs nur auf theoretische Argumente, sondern unterzog die seinerzeit schon bekannten Doppel- und Mehrfachdarstellungen von Personen in antiken Bildwerken einer ausführlichen und kritischen Betrachtung. Dabei kam er unter anderem zu der Feststellung, »daß es von der Art des zu füllenden Raumes abhängt, ob sich eine und dieselbe Figur wiederholen darf.« Vasenmalereien zum Beispiel seien »wegen der Form des Gefäßes nicht gut mit einem Blick zu übersehen«; man müsse sie »in der Hand drehen und nacheinander die Figuren betrachten«. Dasselbe gelte für Bildfriese mit großer Längenausdehnung; »... es war daher natürlich, ⟨sie⟩ mit successiv auf einander folgenden Scenen zu bedecken.« Aber bei Bildformaten ›wohl überschaubarer Art‹, in denen nicht der gekrümmte oder lang ausgedehnte Raum die Wiederholung einer und derselben Figur in verschiedenen, entweder neuen oder fortschreitenden Handlungen veranlaßte, glaubte Friedrichs die ›einheitliche Handlung‹ gewahrt zu wissen – und damit war über Philostratos, der wohlüberschaubare Gemälde zu beschreiben vorgegeben hatte, der Stab gebrochen: »Wenn der Dichter ein Kunstwerk beschreiben will, so ist er beschränkt durch die Natur des zu Beschreibenden, er muß den im Kunstwerk dargestellten Moment als solchen erkennen lassen, oder er verfehlt seinen Zweck. Denn wenn er den einen Moment zu einer continuierlichen Handlung erweitert, in welcher eine und dieselbe Person in wechselnden Situationen erscheint, so verschwindet das wirkliche Bild, das er beschreiben will ...«

Hatte Friedrichs die ›Sukzession‹ von Bildhandlungen noch ausschließlich von der Bildgeometrie und den durch sie erzwungenen, zeitlichen Ablesungsvorgängen äußerlich abhängig gemacht, so bemühte sich zwanzig Jahre später der Archäologe Carl Robert[33] um eine Erklärung der inneren Bedingungen: Den archaischen Mythen-Darstellungen *(Abb. 31)* schrieb er eine epische Erzählfreude zu, die »mit einem Blick übersehen ⟨läßt, was⟩ nicht gleichzeitig sich ereignet haben kann; es fehlt eine alle Figuren gleichmäßig umfassende bestimmte Situation, es fehlt die Einheit der Handlung; alle Figuren sind mehr oder weniger mit sich selbst beschäftigt, jede ist eigentlich in einem anderen Moment der Handlung aufgefaßt, oder richtiger, der eigentliche Moment der Handlung ist vom Künstler unbestimmt gelassen ... die Darstellung greift nicht bloß vor, sondern auch zurück, und gerade die Verlegenheit, in der wir uns befinden würden, wenn wir ... angeben sollten, was zur Charakteristik des Momentes

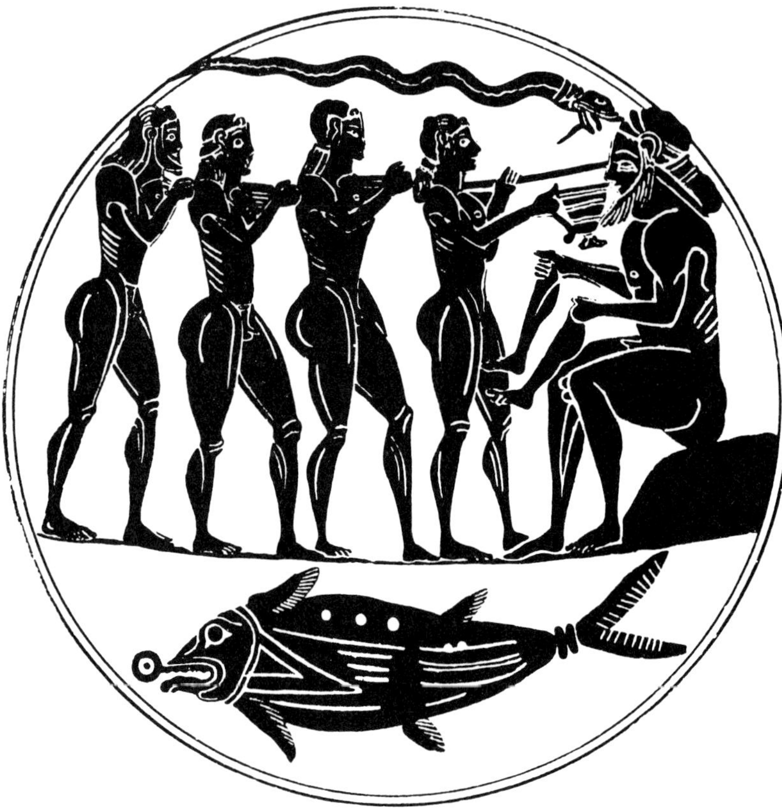

gehört und was der Künstler vor- und zurückgreifend zufügt, zeigt, daß wir mit dieser Frage einen dieser Kunstepoche fremden Maßstab anlegen.« Robert sah in der Unbestimmtheit des Bild-Moments nicht mehr nur die Verletzung einer fälschlich vorausgesetzten Situationseinheit, sondern ein Gestaltungsmittel, das »bei ausgedehnteren Kompositionen der Kunst sogar sehr zu statten ⟨kommt⟩«. An die Stelle zeitlicher Unbestimmtheit mit ihren Vor- und Rückgriffsmöglichkeiten konnte ein zeitlicher Fortschritt treten, wenn eine größere Erstreckung des Bildträgers hinzukam: »Wie der Beschauer an dem ausgedehnten Gemälde vorbeischritt, nahm

31 Archaisch-griechische Trinkschale (Paris, Bibl. Nat.), Innenbild: Odysseus und seine Gefährten in der Höhle des menschenfressenden Zyklopen; Polyphem hält noch die Beine eines gerade verspeisten Griechen in Händen. Gleichzeitig wird ihm Wein gereicht und ein Pfahl ins einzige Auge gestoßen. Alle wesentlichen Phasen der Geschichte sind hier zusammengestellt.

in gleichem Maße die Entwickelung der Handlung ihren Fortgang.« Ein Paradebeispiel war in Roberts Augen der Festzug im hochklassischen ›Parthenon-Fries‹. Im bewußten Widerspruch zur ›Einheits‹-Ästhetik sah Robert sich zu der Frage veranlaßt, »ob bei Kompositionen, die nicht mit einem Blick zu übersehen sind, sondern im Weiterwandeln betrachtet sein wollen, ein ... unmerklicher zeitlicher Fortschritt nicht künstlerisch ⟨sogar⟩ geboten erscheint«.

Die Hauptargumente des ›philostratischen Bilderstreits‹ lassen erkennen, daß Wickhoffs Neueinschätzung der Wiener Genesis aus einem breiteren Strom allgemeiner Überlegungen zum Zeitproblem in der bildenden Kunst hervorgegangen ist. Mehrere Paradigmenwechsel zeichnen sich rückblickend in der Theorie-Geschichte der Bilderzählformen ab: Lessing hatte gegen die alte ›ut-pictura-poesis‹-Formel, die für Malerei und Poesie denselben ›Stoff‹ vorschrieb, das heißt, Malerei als ›stumme Dichtung‹ und Dichtkunst als ›beredte Malerei‹ gestaltet und verstanden wissen wollte, Stellung bezogen: er setzte den jeweils streng parallelisierten Aufbau und Nachvollzug der Signalordnungen in Zeit und Raum sozusagen ›rechtwinklig‹ voneinander ab. Die ›natürlichen‹ und ›konventionellen‹ Zeichen, mit denen die Maler-Dichter zu arbeiten hatten, erhielten nun zwei verschiedene ›Projektionsflächen‹; die eine reproduzierte das bildlich-materielle Sein, die andere das Werden in der Vorstellung.

Jedoch mit der anwachsenden kunsthistorischen Denkmälerkenntnis häuften sich die Abweichungen von den einzig zulässig erscheinenden ›Momentaufnahmen‹; man mußte sich eingestehen, daß sogar die vorbildlichen Griechen sich nicht immer an diese Normen gehalten hatten. Eine historische und auch theoretische Erklärung dieser Grenzverletzungen wurde immer dringlicher, wollte man nicht bei

Werturteilen stehenbleiben, die zunehmend unangemessener wirkten. Dieser Prozeß des Umdenkens mündete schließlich in Wickhoffs konsequente Umkehrung des malerischen Sukzessions-Verbots Lessingscher Prägung, die nun gerade auch in der Übertragung des Begriffs der kontinuierenden Darstellungsweise vom literarischen in den bildlichen Anwendungsbereich ihren paradigmatischen Stellenwert und Anspruch direkt, wenn auch nicht ausdrücklich zu erkennen gab.

Obwohl Archäologen wie Carl Robert in ihrem Fachbereich bereits zu differenzierteren Analysen bildlicher Zeitstrukturen gelangt waren, erwiesen sich Wickhoffs Begriffsprägungen, vor allem der Begriff des kontinuierenden Stils, als so treffend und glücklich gewählt, daß ein halbes Jahrhundert lang die kunstwissenschaftlichen Sehweisen und deren ›Ergebnisse‹ von ihnen bestimmt wurden. Zwar zog man Wickhoffs eigene ›Ergebnisse‹, vor allem die Datierung und Lokalisierung der Wiener Genesis, bald in Zweifel und korrigierte sie, aber erst nach dem Zweiten Weltkrieg sind die Voraussetzungen und Folgerungen seiner ›Geschichte der Bilderzählformen‹ einer grundsätzlichen Revision unterzogen worden.

32 Wiener Genesis, Seite 45; Jakob segnet seine Enkel.
Thema des Bildes ist die zwischen Großvater Jakob und Vater Joseph handgreiflich umstrittene Überkreuzung der Segenshände, durch die der jüngere (kleinere) Enkel regelwidrig den stärkeren Segen der rechten Hand des Großvaters erhielt. Die Szene spielt in einer weitsichtigen, ›impressionistisch‹ gemalten Landschaft mit Bergen und bewölktem Himmel.

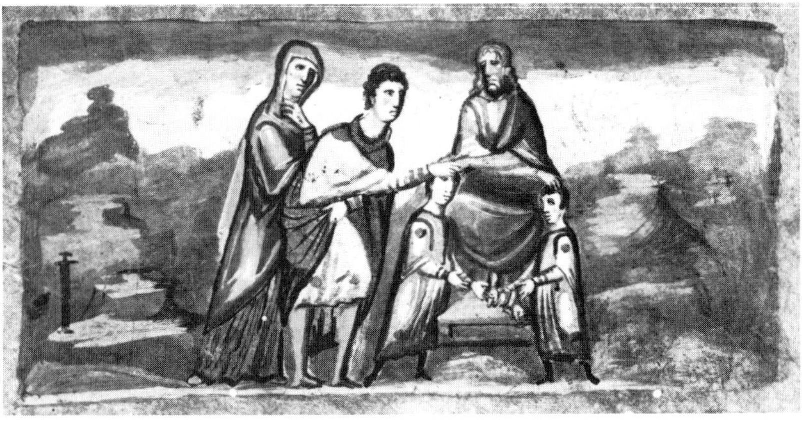

Vorstellungsvermögen

Von passiven Netzhaut-Impressionen zum aktiven bildlichen Denken

Der Auffassungswandel vom malerischen Naturalismus zum Illusionismus, den Wickhoff als besondere Leistung der italisch-römischen Kunst zugeschrieben hat, wurde von ihm, wie zitiert, mit elementaren Vorgängen der ›physiologischen Optik‹ begründet: mit der Zusammenmischung der visuellen Sinnesdaten aus Farbflecken und Punkten, die von der Augenlinse auf die ›Leinwand‹ der Netzhaut projiziert werden. So gesehen konnten illusionistisch gemalte Bilder als ›echte Vorspiegelungen‹ momentaner Gesichtseindrücke gelten und, seitlich fortgesetzt, als ›kontinuierlich‹ fortlaufende Wirklichkeitsausschnitte aufgefaßt werden. Auch wenn er die Augen und den Kopf bewegte, war dem Betrachter in dieser Auffassung im Grunde eine passive Haltung zugeschrieben: Er ließ lediglich Eindrücke – wie bei einer Bootsfahrt – an sich vorüberziehen.

Diese fortlaufend am inneren Auge vorüberziehende Folie der Impressionen war Wickhoff zufolge der physiologisch vorstrukturierte ›Bildträger‹ des kontinuierenden Stils; daher seine immer wieder auftauchenden Bemerkungen zu den landschaftlichen und atmosphärischen Hintergründen, die er als ineinanderfließende Natur- und Architektur-Prospekte sich vorübergehend verdinglichen sah. Sie ermöglichten erst die Mehrfacherscheinungen von Personen, indem sie wenigstens kleinere raumzeitliche Intervalle zwischen die multiplizierten Gestalten legten und an Geländekulissen, Gebäuden oder anderen szenischen Versatzstücken zusätzliche Verschachtelungen der Raumtiefe illusionierten.

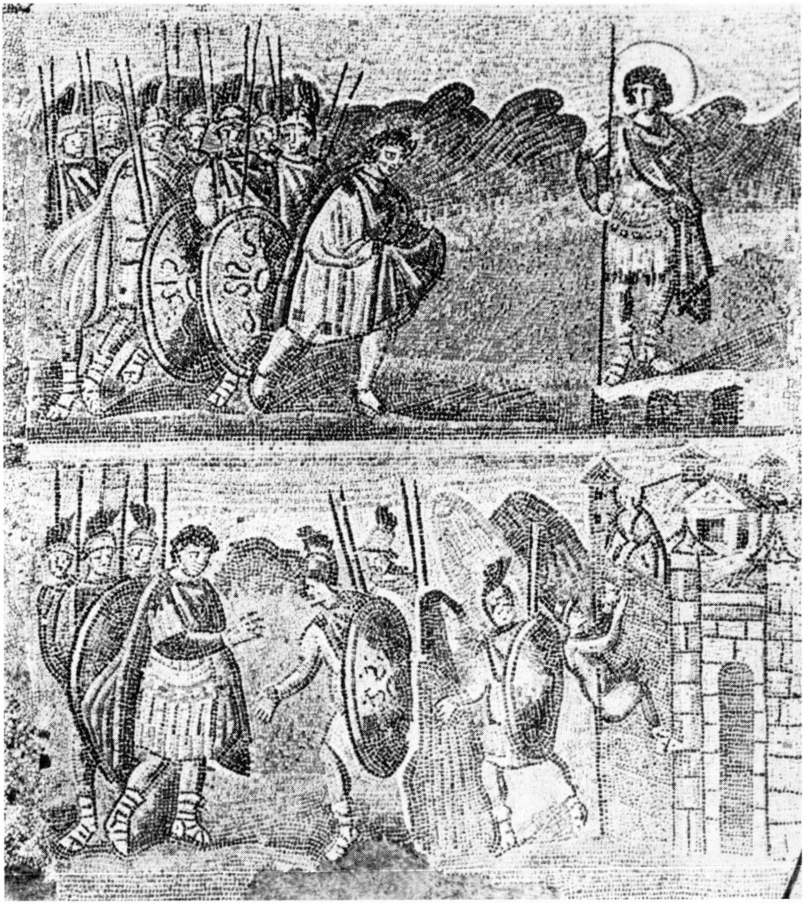

Wollte man Wickhoffs ›Bild‹ des kontinuierenden Stils auf eine griffige Kurzformel bringen, so könnte man von einem ›impressionistischen Fließband-Gemälde‹ reden, so, wie es manche spätantiken Mosaik-Bildzyklen, zum Beispiel in der römischen Kirche Santa Maria Maggiore *(Abb. 33, 34)*, nahelegten. Das Handeln und Verhalten der Helden der Bilderzählung war in dieser impressionistischen Sicht zwar nicht mehr als eine Folge von dramatischen Momenten inszeniert, aber noch durchaus als

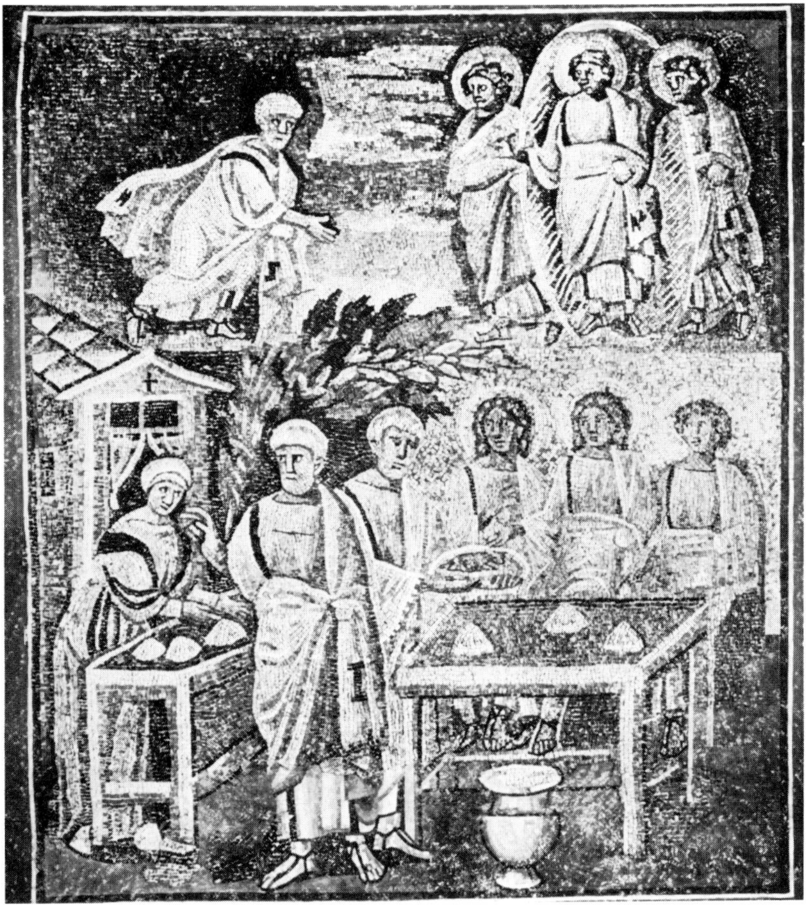

33,34 Rom, Santa Maria ggiore, Mosaiken (Anf. 5. Jh.); links: Josua mit seinen Kriegern vor einem Gottes-Boten; darunter: Rückkehr der Kundschafter Josuas aus Jericho. Rechts: Abrahams Begegnung mit den drei Engeln; darunter: Gastmahl-Szene, in der Abraham beim Bestellen und Servieren der Speisen als Doppelgestalt erscheint.

illusionistische Wiedergabe real möglicher und beobachtbarer Aktionen verstanden.

Doch diese Annahme eines im Prinzip aus der Wirklichkeit entnommenen und nur illusionistisch-kontinuierlich wiedergegebenen Zusammenhangs der Dinge und Ereignisse war schon damals buchstäblich ›atomisiert‹: als Malstil wie als Lebensstil hatte der Impressionismus die flüchtigen Momente, das Leben von einem Augenblick zum anderen, zum Gegenstand künstlerischer und wissenschaftlicher Darstellung gemacht[34]. So gesehen war jener von Wickhoff beschriebene Flußlauf, der das Betrachterauge kontinuierlich gleitend an den Uferlandschaften der Bildgeschichten vorüberführte, nichts anderes als der ›Bewußtseinsstrom‹, der auch in der zeitgenössischen Psychologie und Philosophie als Verknüpfungs- und Vermittlungs-Instanz die scheinbar regellosen Folgen der Impressionen ordnete und mit Sinn versah und so wenigstens subjektiv über die Abgründe einer nicht mehr anschaulich faßbaren, ›atomistischen‹ Naturwissenschaft hinweghalf.[35]

Mit dem Wandel der Psychologie und Erkenntnistheorie um die Jahrhundertwende von impressionistischen Elementen-Lehren zu komplexeren Ganzheits- und ›Gestalt‹-Theorien geriet auch jene ›Ästhetik von unten‹, die schon dem Mitbegründer der neuzeitlichen Experimental-Psychologie, Gustav Theodor Fechner[36], vorgeschwebt hatte, zunehmend in Mißkredit. Die Anteile der subjektiven Auffassungs- und Vorstellungstätigkeit – Wille und Aufmerksamkeit, Abstraktion und Einfühlung – traten mehr und mehr in den Vordergrund. Dementsprechend differenzierte sich auch die kunstwissenschaftliche Aufgabenstellung, aus den ›Bildquellen‹ die sich wandelnden Anschauungs- und Darstellungsformen verständnisvoll und schlüssig herauszulesen. Im Rahmen einer mehr oder minder anthropologisch fundierten ›Geistesgeschichte‹ wurden nun auch die Parallelen von Individual-Entwicklung (Ontogenese) und Stammesgeschichte (Phylogenese), die spätestens seit Darwins aufsehenerregender Abstammungslehre in aller Munde waren, kunsthistorisch zur Anwendung gebracht – und beim Vergleich von ›Kinderkunst und Kunstgeschichte‹ hat auch die Wiener Genesis nicht gefehlt.

»Ich bemühte mich in der Kulturgeschichte Europas

die Analogie zu den Geschichtsillustrationen der Kinder zu finden«, heißt es zum Beispiel in einer Leipziger Dissertation aus dem Jahr 1904 über ›Das Zeichnen der Kinder bis zum 14. Lebensjahr‹; ihr Autor, Siegfried Levinstein, »... war hoch erfreut, beim Durchsehen der Wiener Genesis die von ⟨ihm⟩ bei dem Kinde aufgestellte Entwicklungsreihe bei Wickhoff in kulturhistorischer Beziehung, man möchte sagen wörtlich wiederzufinden.«[37] Voraussetzung und auch Ergebnis solcher und ähnlicher Bemühungen anderer Fachleute – das ist kritisch anzumerken – war die sogenannte ›psychogenetische Rekapitulation‹, die besagte, daß Kinder im kurzen Zeitraum von etwa zwölf Jahren andeutungsweise die psychischen und kulturgeschichtlichen Entwicklungsstufen der Gattung durchlaufen. So problematisch diese Theorie für sich genommen sein mag, so bemerkenswert waren die Beobachtungen und Erkenntnisse, die als ›Nebenprodukte‹ der neuartigen Aufmerksamkeit für ›das Kind als Künstler‹ herauskamen.

»Psychologisch gesprochen«, notierte Levinstein in einem Kapitel über das ›Zeichnen, eine Sprache‹, »zeichnet das Kind nach Vorstellungen und nicht nach seinen Sinneswahrnehmungen.« Weil das Kind beim Zeichnen nur ans Erzählen denke, sei sein Ziel in erster Linie, seine Gedankengänge auszudrücken; seine Bildermalerei sei ein Bilderschreiben und das Ansehen von Bildern ein Bilderlesen. Das Zeichnen bilde für das Kind – so faßte Levinstein die Entwicklungsparallelen zusammen – den natürlichen Übergang zum Lesen und Schreiben, eben so, wie die Periode der Piktographie in der Menschheitsgeschichte der Periode der Alphabete vorausgegangen sei.[38]

Als Belegmaterial seiner Untersuchungen brachte Levinstein unter anderem kindliche ›Nacherzählungen‹ von damals schon geläufigen Kinderbuch-Stof-

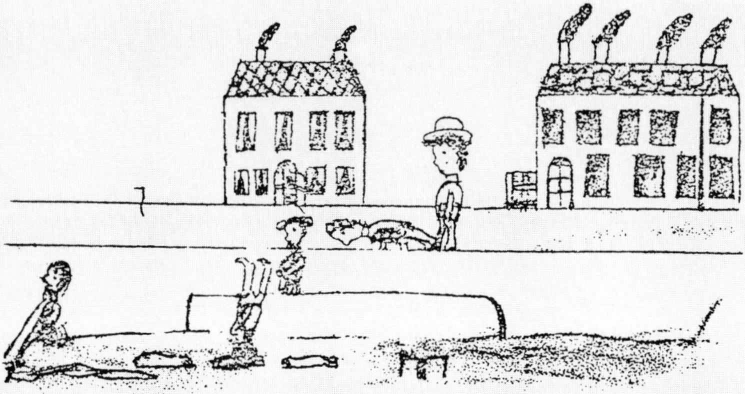

a

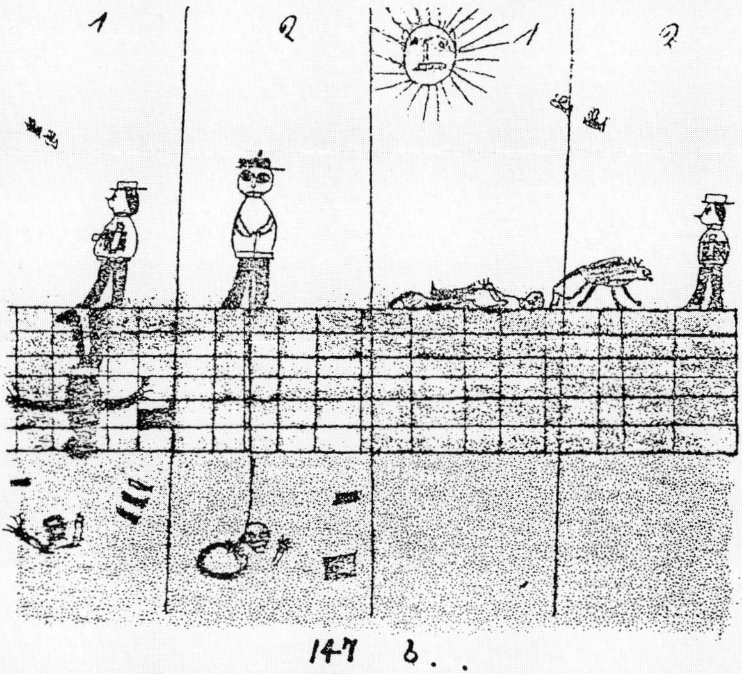

147 b. .

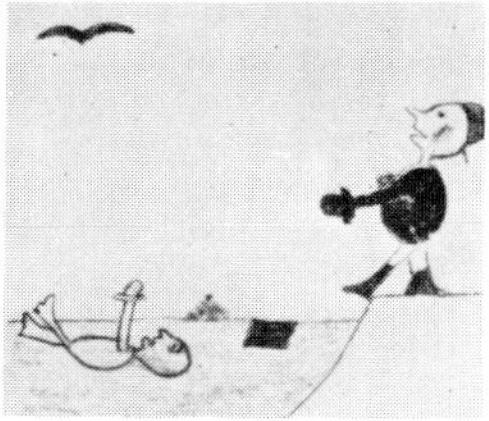
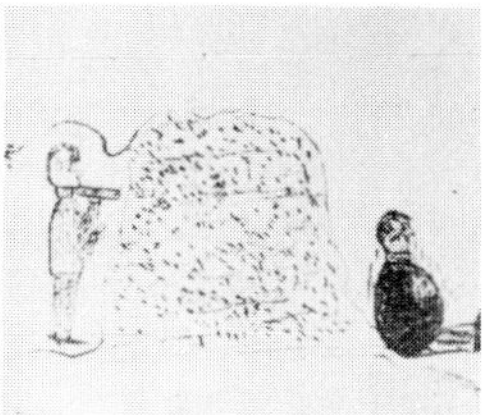

35,36,37 Kinderzeichnungen mit Bildgeschichten in mehreren Phasen; links und rechts oben: ›Hans guck in die Luft‹; rechts unten: Hirseberg im Schlaraffenland, durch den man sich hindurchessen muß.

fen wie etwa der Geschichte des ›Hans-guck-in-die-Luft‹ *(Abb. 35)* aus dem berühmten ›Struwwelpeter‹, die anstelle der Einzelbildfolge in der Buchvorlage von den kindlichen Reproduzenten ohne Szenentrennungen wiederholt wurden; und daneben gab es auch gänzlich vorlagenunabhängige Kinderzeichnungen im kontinuierenden Stil. – Diese Ähnlichkeiten mit den aus der Kunstgeschichte bekannten Bilderzählformen erregten damals großes Interesse und wurden noch bis in die Zwanziger Jahre hinein diskutiert: So hat zum Beispiel der Wiener Kunsthistoriker Dagobert Frey in seinem 1929 publizierten Werk über ›Gotik und Renaissance als Grundlagen der modernen Weltanschauung‹ noch ausführlich und mit Bildbeispielen *(Abb. 36, 37)* zu diesem Problem Stellung genommen.

Neben und im Parallelismen-Problem von ›Kinderkunst und Kunstgeschichte‹ gibt es, genaugenommen, auch noch ein ›Kinderbuch‹-Problem, auf das man durch die Struwwelpeter-Geschichten förmlich gestoßen wird: nämlich die Frage, ob nicht die Kinder durch dieses und ähnliche Bilderbücher den kontinuierenden Stil überhaupt erst gelernt haben; und wenn man sich diese Frage schon stellt, sollte man weiterfragen, ob nicht auch Kunsthistoriker – die schließlich auch mal irgendwann Kinder waren – von diesen Bilderbüchern beeinflußt wurden. So finden sich bezeichnenderweise unter den seit der Mitte des 19. Jahrhunderts mehrfach überarbeiteten Illustrationen des Struwwelpeters schon perfekte Darstellungen im kontinuierenden Stil: die Geschichte vom ›bösen Friederich‹ etwa, deren Szenen ursprünglich nur mit einem ›Kletterspalier‹ verbunden waren, ist bald mit einer mustergültig kontinuierenden Treppe ausgestattet worden *(Abb. 38, 39)*. – Ist es da überraschend, bei den Bearbeitern der Wiener Genesis gleich mehrfach die Vermutung zu finden, manche der spätantiken oder

frühchristlichen Prachthandschriften wenn nicht die Genesis selbst seien ›Kinderbücher‹ – für junge Prinzen und Prinzessinnen – gewesen?
Erinnernswert an der heute oft vergessenen Kinderkunst & Kinderbuch-Episode der Kunstwissenschaft – es gab damals sogar Byzantinisten, die sich mit dieser Materie beschäftigten – ist für die Wiener Genesis und die mit ihrer Behandlung spruchreif gewordenen Probleme der Aspekt des Intellektualismus, der Gedanken-Darstellung beim Erzählen mit Bildern. Für Wickhoff hatten sich die offensichtlichen malerischen Reduktionen in vielen Miniaturen der Wiener Genesis, das Fortlassen der Hintergrundsfarben oder das Reduzieren der Landschaft auf Bodenstreifen, noch gewissermaßen als Abnutzung und Auszehrung der illusionistischen Grundfolie der Bilderzählungen dargestellt. Eine bessere

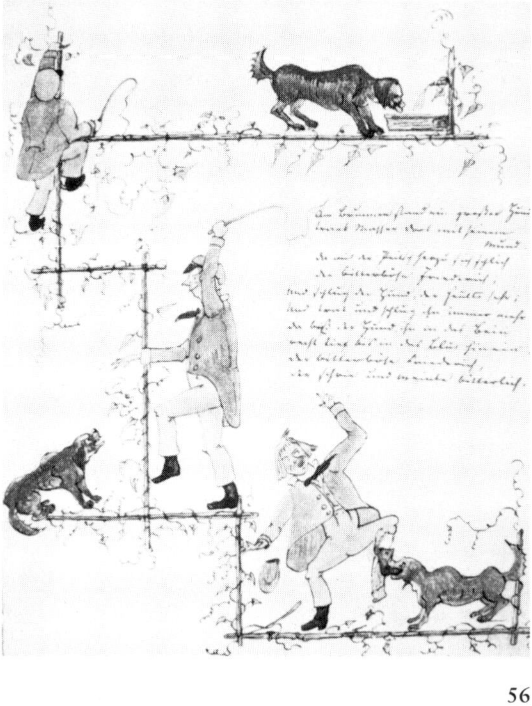

38,39 Struwwelpeter, Geschichte vom bösen Friederich.
Links: Urfassung des Autors Dr. med. Heinrich Hoffmann mit gezeichnetem ›Kletterspalier‹.
Rechts: 100. Auflage 1876 mit hinzugefügter Treppe, die von einer Szene zur anderen führt.

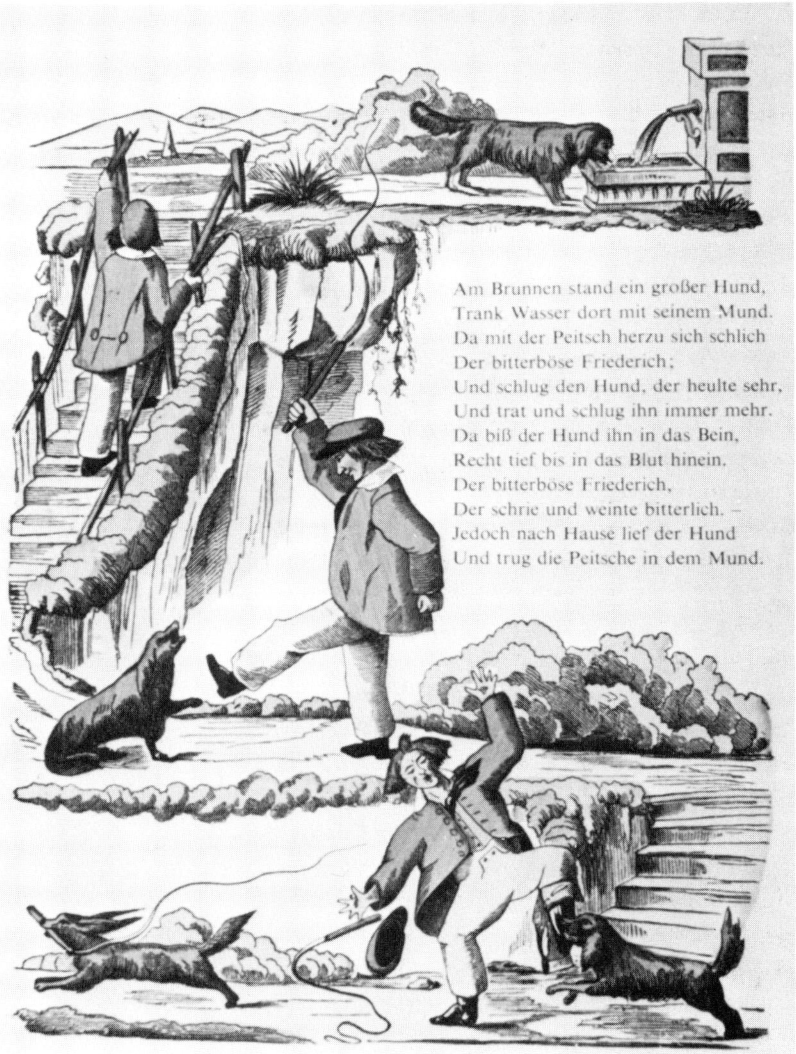

Einschätzung dieser Phänomene wurde möglich, als man einsah, daß die Miniaturen nicht nur fiktive Sinneseindrücke illusionierten, sondern Gedankenfolgen sichtbar machten.

»Die Einheit einer kontinuierlichen Darstellung

kann nur gedanklicher, nicht anschaulicher Natur sein.« Mit dieser Grundsatz-These leitete Otto Pächt seine 1925 abgeschlossene Wiener Dissertation[39] ein; Ausgangspunkt seiner Arbeit war das von Wickhoff ›ungelöst‹ hinterlassene Problem des Stilwandels innerhalb der Wiener-Genesis-Miniaturen vom reinen Illusionismus zu malerisch stark reduzierten Darstellungen hin. Dazu mußte Pächt mit jener ›naturalistischen‹ Bildauffassung, die für Wickhoff noch maßgebend gewesen war, brechen: Man sei zu Unrecht davon ausgegangen, daß im Prinzip in jedem Bildmoment ein »Handlungsdurchschnitt« erscheine, der mit einem Naturausschnitt zusammenfalle.[40]

Zur Veranschaulichung seines Einwands brachte Pächt unter anderem die folgende Analyse einer der Jakobs-Miniaturen *(Abb. 40)* in der Wiener Genesis: »In ›Jakobs Ansprache an die Seinen beim Auszug nach Bethel‹ ... fehlt die Gleichzeitigkeit der einzelnen Äußerungen der an der Handlung Beteiligten. Wir sehen zugleich Jakob seine Leute anreden, die ihm am nächsten Stehenden ihm zuhören, die entfernter Stehenden bereits seine Befehle ausführen, indem sie die Kleider wechseln. Und schließlich ist darunter einer, der, nach seiner Kopfwendung zu schließen, eben Jakobs Mahnung erst vernimmt, sonst aber schon gänzlich mit dem Wechseln der Kleider beschäftigt ist.« Diese und ähnliche Beobachtungen ergaben verallgemeinert ein radikal un-natürliches Erscheinungsbild des kontinuierenden Stils: »Wie ein Erzählungsverlauf nicht durch die Wahl eines charakteristischen oder entscheidenden Momentes, sondern durch den Zusammenschluß mehrerer sich ablösender Handlungszustände dargestellt wird, so kann eine solche Einzelszene sich wiederum aus zeitlich verschiedenen Zuständen der einzelnen Personen aufbauen; ja sogar eine Einzelfigur, ein Organismus, enthält da-

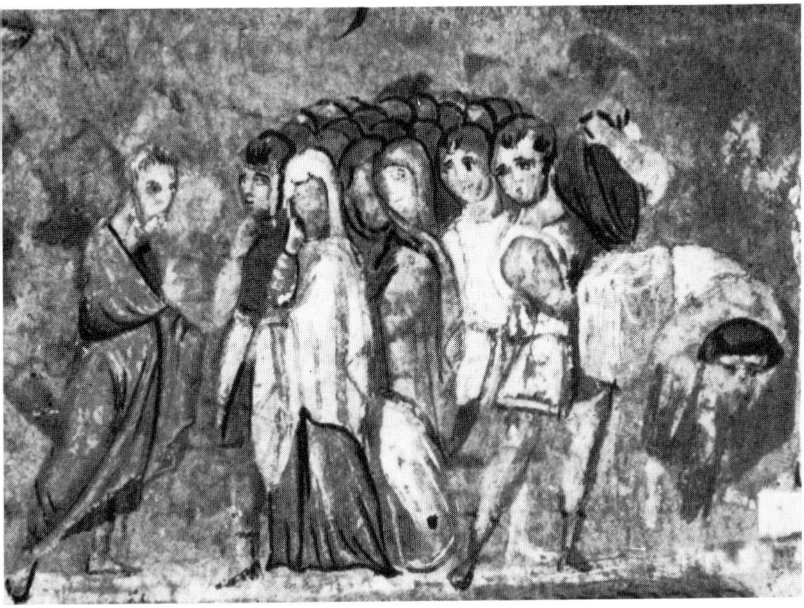

40 Wiener Genesis, Seite 25; Detail; Jakobs Ansprache an die Seinen. Das Thema dieses Bildausschnitts ist Jakobs Aufforderung an seine Familie, die Kleider zu wechseln. Während die Jakob am nächsten stehenden Angehörigen nur zuhören, sind die Familienmitglieder weiter rechts schon dabei, den Befehl auszuführen.

durch, daß seine verschiedenen Teile in verschiedenen Stadien der Handlung begriffen sind, eine Zeitsumme und damit die ganze mit dieser zusammenfallende Entwicklung der Ereignisse. Dies führt innerhalb des Einzelorganismus nicht nur zu irreal-zeitlichen, sondern auch zu irreal-räumlichen Bildungen ... So sehen wir überall, in der Darstellung des bewegten Geschehens wie der unbeweglichen Materie, eine über zeitliche und räumliche Schranken sich hinwegsetzende freie Kombination und Verbindung der Einzelglieder ...[41]

Dieses freie Kombinations-Prinzip, das Pächt aus der ›Zertrümmerung der antiken Einzelszene‹ hervorgehen sah, führte seiner Meinung nach folgerichtig zur »Reduktion alles Nur-Anschaulichen, nicht zur gedanklichen Rekonstruktion ⟨der Bildgeschichten⟩ Erforderlichen« – zum Beispiel der Landschaft. Da das Gedachte keinen naturalistischen Veranschaulichungs-Prozeß mehr durchzu-

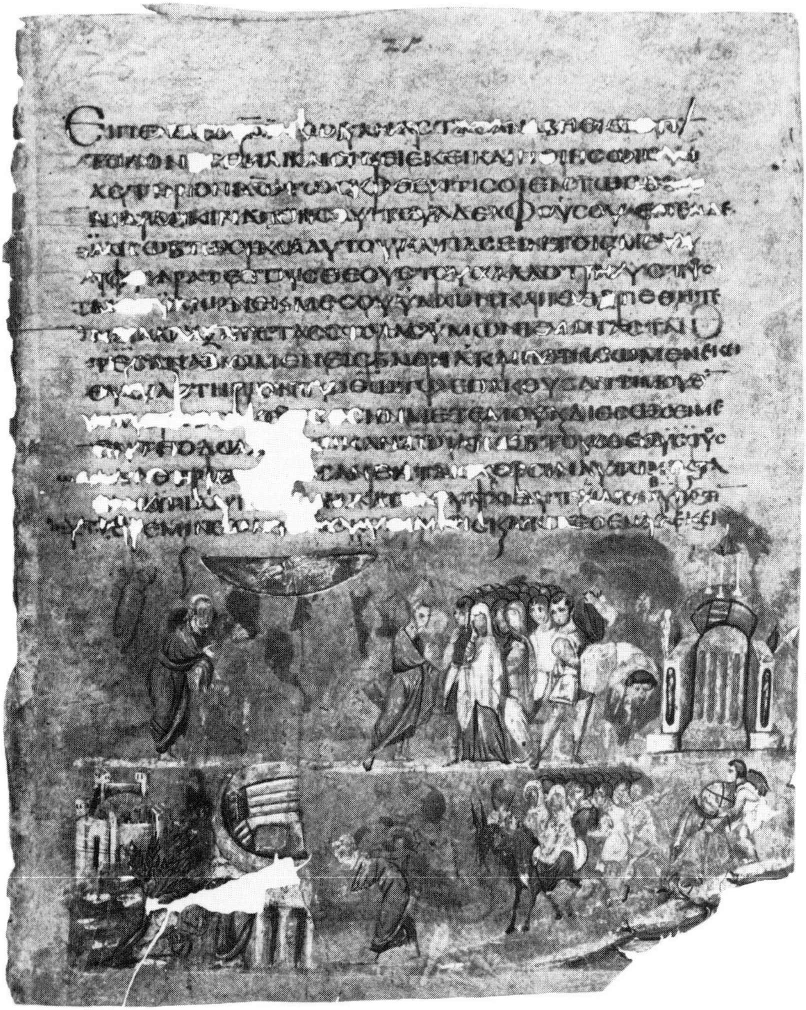

machen hatte, seien nur noch die ›symbolhaften‹ Zeichen gedanklicher ›Totalitäten‹ zusammengestellt worden; das aber bedeutete die Auflösung aller innerbildlich-autonomen Szenen- und Sinn-Zusammenhänge. Statt dessen – so Pächt – verbänden sich die figürlichen oder landschaftlichen Ein-

41 Wiener Genesis, Seite 25; Jakobsgeschichte. Weisung Gottes zum Zug nach Bethel und Befehl zur Errichtung eines Altars; Entfernung der Götzenbilder.

zel-Elemente nur noch in ihrer »stetigen Korrespondenz zum Beschauer« zu szenischen Einheiten und würden deswegen, formal gesehen, auch nur noch in einer »abstrakten Fläche« zusammenhängen.[42]
Die ›abstrakte Bildfläche‹ als korrespondierende Denkebene des Betrachters machte schließlich nicht nur den illusionistischen ›Raum‹ als vorgespiegelte Bühne scheinbar selbständig sich gebärdender und handelnder Schauspieler überflüssig, sie war auch für deren widernatürliches Verhalten verantwortlich: »Die Vereinigung ... verschiedener, zum Teil einander widersprechender Bewegungsrichtungen an einer Figur setzt die beliebige Verbindbarkeit der einzelnen, isoliert gesehenen Körperteile, die von außen additiv in der Fläche aneinandergeschlossen sind, voraus.« Auf diese Weise sei es möglich geworden, statt des äußeren Geschehens die innere Bedeutsamkeit von Handlungen als einen ›supranaturalen‹ Zusammenhang sichtbar zu machen.[43]
Den Weg dieser bedeutungsvollen Reduktion sah Pächt in vielen Übergangsstadien der Wiener Genesis-Miniaturen beschritten; und damit war für ihn auch einsichtig geworden, warum ein einheitliches ›Stilbildungs-Prinzip‹ hinter derart unterschiedlichen Bildgestaltungen stehen konnte: Denn die ›Wiederholung derselben Figuren in späteren Zuständen‹ war nur die äußerliche Erscheinungsform des kontinuierenden Stils – das ›innere Kontinuieren‹ gab sich an den Handlungsfortschritten in Personen und Gruppen und ›durch sie hindurch‹ zu erkennen.

Bildzerlegung

Ausschnitte und Verschmelzungen: Ikonographie als Demontage von ›Collagen‹

Zwar habe schon Wickhoff sich mit dem Problem der ›Szenen-Komposition‹ in der Wiener Genesis auseinandergesetzt, indem er die Termini der komplettierenden, distinguierenden und kontinuierenden Bilderzählformen einführte, aber es gebe eine Terminologie, die besser ihren Zweck erfülle, heißt es im jüngsten Faksimile-Kommentar[44]. Diese Terminologie präsentierte im Jahr 1947 Kurt Weitzmann in einem aufsehenerregenden Werk über ›Illustrationen in Rolle und Kodex‹[45], das dank seiner philologischen Präzision schnell einen neuen, wenn auch nicht unumstrittenen wissenschaftlichen Standard hinsichtlich der Entstehung der christlichen Buchmalerei setzte; auch der Ursprung der Wiener Genesis-Bilder wurde damit in ein neues Licht gerückt.

Für Wickhoff hatte die charakteristische Eigenart des kontinuierenden Stils darin gelegen, daß ein und dieselbe Person mehrfach auf einer fortlaufenden illusionistischen Folie erscheinen konnte; als idealen wenn nicht ursprünglichen ›geometrischen Ort‹ dieses Mehrfachauftritte und Handlungsfolgen vermittelnden Bildstreifens setzte Wickhoff wie auch andere Forscher seiner Zeit eine weitgehend verlorene Gattung von Bild-Rollen voraus, auf deren Existenz die römischen Triumph-Säulen schließen ließen, denn deren Relief-Bänder boten nicht zufällig den ›versteinerten‹ Anschein, als seien bemalte Rollen aus sich wellendem Pergament aufwärtsspiralend um den Säulenkern gewickelt worden. Außerdem schien glücklicherweise der ›Josua-Rotulus‹, wenn auch nur als mittelalterliche Kopie, diese allgemein

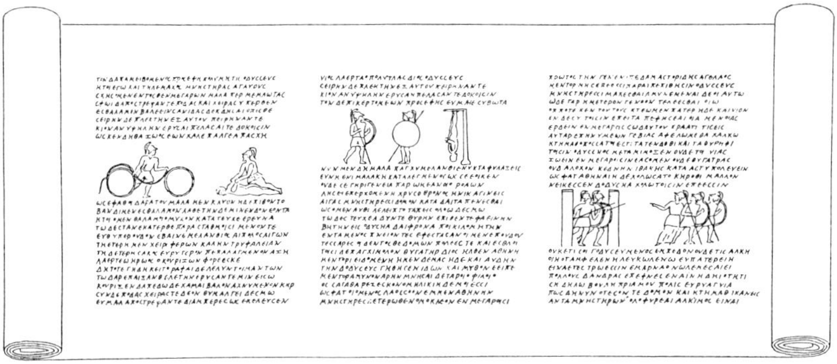

42 Rekonstruktion einer antiken Buchrolle mit Text-Illustrationen.

akzeptierte Theorie als Kronzeuge zu bestätigen. – Diese, auf einen im Abendland untergegangenen Bildrollentyp gegründete Geschichte der Bilderzählformen wurde von Weitzmann allem verbliebenem Anschein nach aus den Angeln gehoben.

Was den ›Josua-Rotulus‹ betraf, so kam Weitzmann zu dem Ergebnis, daß der vorliegende ›endlose‹ Bildstreifen mit seinen ineinander übergehenden Szenenfolgen keineswegs, wie bis dahin angenommen, die Kopie einer spätantiken Bild-Rolle mit einigen hinzugefügten Text-Stellen war, sondern eine – merkwürdig anachronistische – byzantinische ›Rekonstruktion‹ einer Bild-Rolle, deren Typus es in der Antike selbst niemals gegeben hatte.[46] – Und auch hinsichtlich der römischen Triumph-Denkmäler betonte Weitzmann, unter Berufung auf neuere archäologische Untersuchungen, den Verdacht, daß nicht komplette Bilder-Rollen als Vorlagen für die Relief-Bänder gedient hätten, sondern nur einzelne Gemälde, die mit anderen Szenen und Repetier-Motiven zusammengestückt worden seien.[47]

Das Gesamtergebnis seiner Untersuchungen verhalf Weitzmann und einem großen Teil der Fachwelt zur Überzeugung wenn nicht zur Gewißheit, daß es im Altertum nur eine einzige Art der Buch-Illustration gegeben habe: nämlich in Form von kleineren ungerahmten Einzelbildern, die in die vielen nebeneinandergereihten, relativ schmalen Text-Kolumnen der horizontal ab- und wieder aufgerollten Rotuli eingeschoben wurden *(Abb. 42)*.[48]

Beim Übergang zur Kodex-Buchform, die jeweils nur wenige Textspalten oder eine einzige breite Schrift-Kolumne pro Seite zuließ, ergab sich auch Gelegenheit und Anreiz für eine neue, eben seitenorientierte Anordnung der Illustrationen. Diesen Prozeß der bildlichen Umorganisation der Illustrationen sah Weitzmann noch unmittelbar reflektiert in den Miniaturen der Wiener Genesis; in der Tat konnte er an einigen Bildseiten diesen geradezu in die Augen springenden Sachverhalt demonstrieren *(Abb. 43)*: er zerlegte die kontinuierlichen Bildfolgen, wo es ging, in ihre szenischen Einzelteile und rekonstruierte einen zweispaltigen Prototyp der Wiener Genesis, indem er die freigesetzten Einzelszenen in die schmaleren Textkolumnen der hypothetischen Vorlage einschob – und zwar an genau

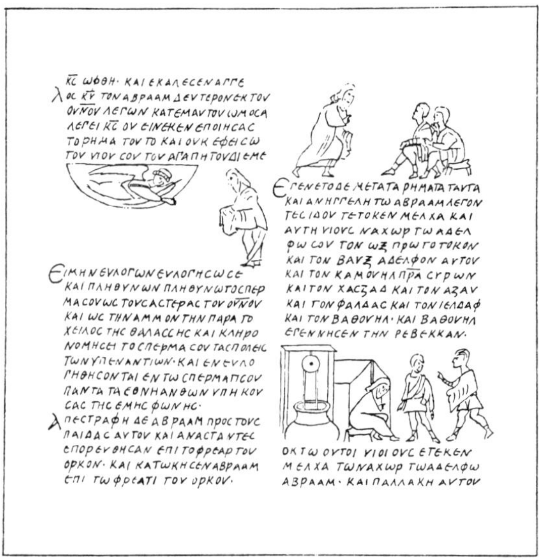

43 Rekonstruktion eines zweispaltigen Vorläufers der Wiener Genesis mit einzelnen Text-Illustrationen; die ›Verheißung an Abraham‹ (Abb. 44) ist hier in drei Szenen zerlegt.

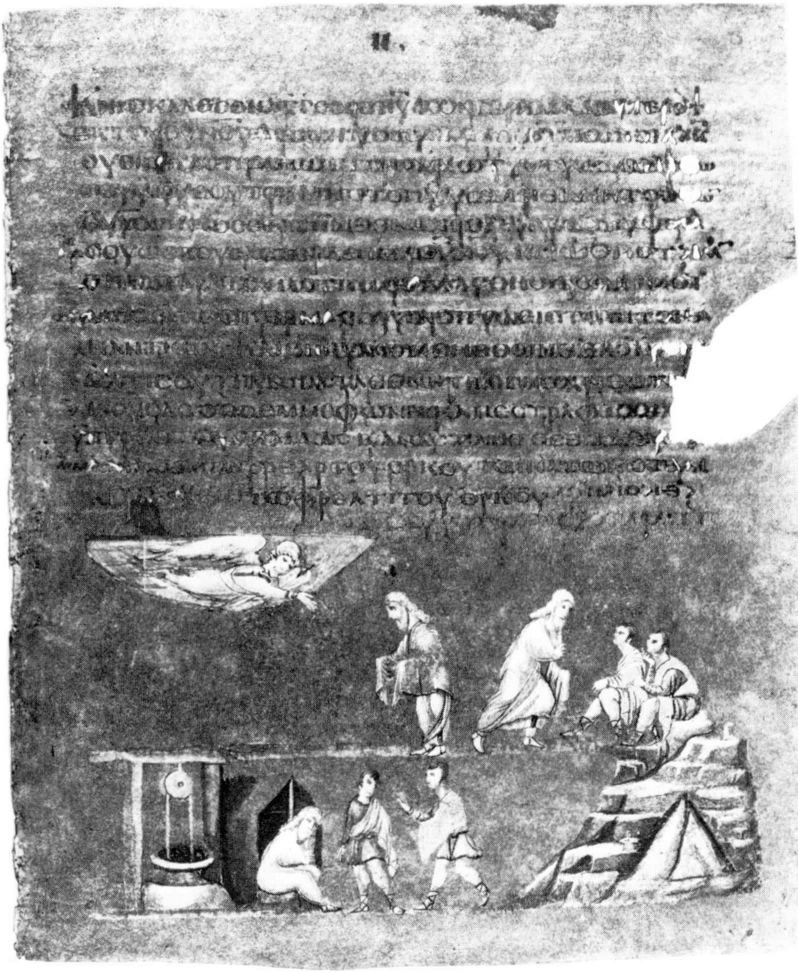

44 Wiener Genesis, Seite 11; Verheißung an Abraham. Im oberen Bildstreifen empfängt Abraham nach links gewandt mit demütig verhüllten Händen die Botschaft des Engels im Himmelssegment; zwei Schritte weiter rechts eilt Abraham auf seine wartenden Knechte zu, die an der Spitze eines Terrassenbergs hocken, der wie eine Treppe zum Bodenstreifen der unteren Bildzone hinabführt; dort sieht man die Knechte ein zweites Mal, wie sie dem am Ziehbrunnen sitzenden Abraham eine Mitteilung machen.

den Stellen, wo im Text vom bildlich Dargestellten die Rede war; und von dieser Rekonstruktion aus gesehen schien es nun geradezu selbstverständlich, wie die kontinuierenden Mehrfachauftritte von Personen ursprünglich zustande gekommen waren.[49]

Im Gegensatz zur ›Reduktions-These‹ der Wiener Schule sah Weitzmann die illusionistischen Landschafts-Kulissen und Bühnen-Requisiten als oft bedeutungslose Füll- und Überleitungs-Motive (insertion-motives) und generell als spätere Hinzufügungen an; dagegen zeigten seiner Meinung nach die hintergrundslos (im kontinuierenden Stil) aneinandergereihten Szenen, jede für sich genommen, noch die ursprüngliche Einzelbildform, nämlich frei auf den unbemalten Grund gesetzte Figuren im sogenannten ›Papyrus-Stil‹, wie er für die antiken Buchrollen-Illustrationen ausschließlich üblich gewesen sein sollte.

Aus solcher Sicht war es klar, daß die kontinuierenden Handlungsabläufe in der Wiener Genesis wie auch anderer frühchristlicher Bilder-Handschriften nur als nachträgliche Zusammenstellungen vignettenartiger Einzelbilder zustande kamen; und dementsprechend stellte der kontinuierende Stil, überspitzt gesagt, lediglich das technische Nebenprodukt von Szenen-Anhäufungen dar, das sich in mehr oder minder geschickten ›Kunstgriffen‹ zur Szenen-Verkettung, Verdichtung und Verschmelzung[50] der ursprünglichen Einzelbilder auswirkte und verriet.

Bei der Zusammenkoppelung von Einzelbildern konnte es – in dieser Perspektive – gelegentlich vorkommen, daß einige der nun mehrfach erscheinenden Personen mit sich selbst in Tuchfühlung gerieten oder sich sogar auf die eigenen Füße traten, wie das in der Ringkampf- und Segnungs-Doppelszene der Josephs-Geschichte, die hier als Muster- und Demonstrations-Beispiel dient, beinahe der Fall zu sein

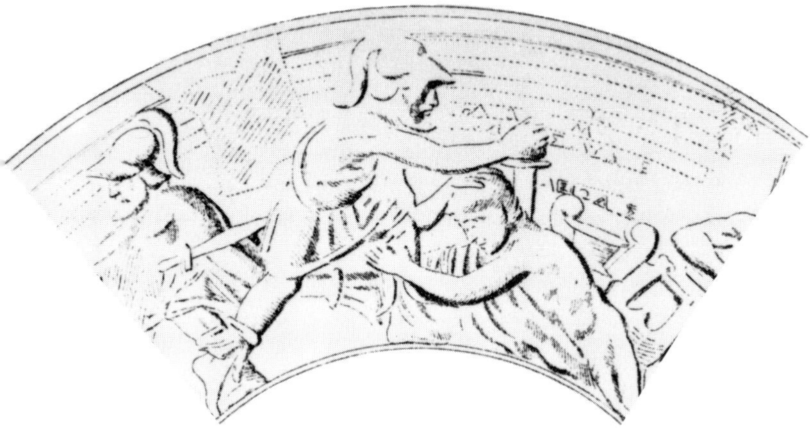

45 Homerischer Becher, Ausschnitt (siehe Abb. 22); Odysseus als Doppelfigur beim Erschlagen der Freier.

scheint. Aus Weitzmannschem Blickwinkel wurde mit solchem ›Gedränge‹ eine ästhetische Grenze erreicht, an der die Zufälligkeiten der Szenenzusammenschlüsse in regelrechtes künstlerisches Unvermögen übergingen; denn hier auf der ebenen Buchseite konnte nicht einmal mehr wie bei den ›Homerischen Bechern‹ *(Abb. 45)* die besondere Geometrie der Bildfläche – wegen der Gefäß-Verjüngung nach unten ist die Bodenlinie dort erheblich verkürzt – für die sich überlappenden Standorte verantwortlich gemacht werden.[51]

An den seiner Meinung nach zufälligen Doppelgänger-Zusammenstellungen läßt sich exemplarisch die Tragweite der szenen-orientierten Bilderzählformen-Theorie ermessen, die auch in einer veränderten Terminologie ihren charakteristischen Ausdruck fand. Weil ihm die Wickhoffschen Erzähl-Kategorien nicht mehr angemessen erschienen, ersetzte Weitzmann sie durch andere Oberbegriffe: an Stelle des komplettierenden Stils der Archaik führte er den Begriff der ›simultanen‹ Darstellungsweise ein, der distinguierende Stil erhielt die Bezeichnung ›monoszenisch‹, und der von Wickhoff so treffend und erfolgreich geprägte Begriff des kontinuierenden Stils wurde einer umfassenderen ›polyszenisch-zyklischen‹ Kategorie untergeordnet[52], in der jener kontinuierlich-fließende Übergang von Szenerien und Handlungen, dem Wickhoff so viel Aufmerksamkeit gewidmet hatte, weder als Wesensart noch als kunstwissenschaftliches Problem weiterhin besonders in Erscheinung trat.

Trotz seiner Ansichten und der von ihnen vorgeprägten Denkmälerkenntnis hatte Weitzmann doch offenbar keine Schwierigkeiten, den kontinuierenden Stil dem ›Passe partout‹ beliebig konfigurierter, vielbildriger Zyklen einzuverleiben, denn er hat häufig einzelne Bildmerkmale der illusionistischen oder intellektualistischen ›Verlaufsdarstellung‹ wie selbstverständlich aufgegriffen und in seine szenenorientierte Betrachtungsweise einbezogen. Das ist verwunderlich, denn seine Betrachtungsweise mutet so moment-fixiert an wie die Belichtungs-Mechanik einer Filmkamera, wenn man seinen Erläuterungen folgt, die er bei der Beschreibung der zyklischen Methode gab: Wie das Auge beim Lesen von einer Text-Spalte zur nächsten springe, so bewege es sich von einem Bild zum nächsten; der Betrachter stelle sich dabei in seinem Geiste die Veränderungen vor, die zwischen zwei aufeinanderfolgenden Szenen lägen. Die Einzelszenen würden mit anderen Worten im Betrachter eine gewisse schöpferische Phantasie freisetzen, damit er sich die Handlungen zwischen den tatsächlich vorliegenden Bildern selbst ausmalen könne, denn diese Bilder würden nicht so dicht aufeinander folgen wie die Einzelaufnahmen einer Filmkamera.[53]

Diese Äußerung scheint auf den ersten Blick gerade das Gegenteil von dem zu sagen, was hier behauptet wird; aber wenn man sich jene von Wickhoff und Pächt so eindringlich beschriebenen ›Strömungsverhältnisse‹ der in Bildern illusionierten Sinneswahr-

46 Wiener Genesis, Seite 48; Jakobs Tod, Beweinung und Bestattung. Das letzte erhaltene Bild ist von rechts vorn nach links, wo im Hintergrund die dunkle Öffnung der Grabhöhle sichtbar ist, zu lesen. Der Ablauf der Beweinung und Bestattung ist mit rhythmisch-akzentuiertem Stellungswechsel und tiefenräumlicher Entrückung zur letzten Ruhestätte hin vor einer ›impressionistischen‹ Farbfolie inszeniert.

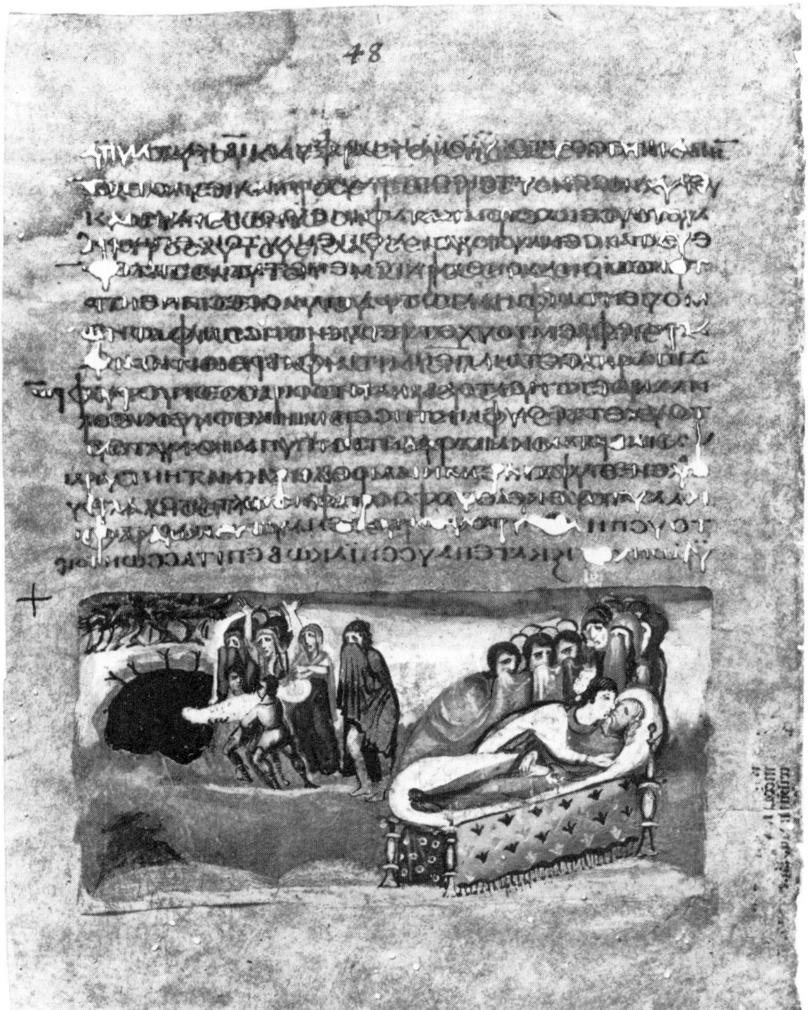

nehmungen oder in sie projizierten Gedankengänge in Erinnerung ruft, so muß es doch auffallen, daß die szenischen Grundbausteine der Weitzmannschen Theorie vollkommen unbeweglich gesehen sind. Die Wahrnehmung und Phantasie kann hier nur noch von einem szenisch fixierten ›Diapositiv‹ zum anderen springen und muß sich den dazwischenliegenden malerischen Rest jenseits der kunsthistorischen Fakten zusammenreimen.

Die neue Betrachtungsweise, für die Weitzmann ein wissenschaftliches Exempel ersten Ranges statuierte, hat nicht nur Veränderungen der begrifflichen Kategorien zur Folge gehabt, sondern auch eine zunehmende Unempfindlichkeit gegenüber jenen Erscheinungen, denen die ältere Forschung so viel Interesse entgegenbrachte; schon die verwendeten Begriffe allein verraten etwas von den gewandelten Erwartungen und Absichten, mit denen die Miniaturen nun gesehen werden. Wenn man zum Beispiel an Stelle von Reduktionen bei Weitzmann von epitomierten Zyklen liest, so kann man sich mit der griechischen Herkunft der Bezeichnung und ihrer geläufigeren Anwendung im Englischen an die ›Ausschnitt-Techniken‹ der Collage oder Photomontage erinnert fühlen.

Das kunstwissenschaftliche Verfahren geht allerdings in die entgegengesetzte Richtung: es hat zum Ziel, die ›gemalten‹ Collagen zu demontieren und ikonographisch ›rückgängig‹ zu machen, um so die Vorbilder zu rekonstruieren. Doch ikonographische Demontagen stoßen oft auf Schwierigkeiten, die sich besonders im Begriff der ›Kontamination‹ spiegeln; er bezeichnet in der Sprachwissenschaft die Verschmelzung zweier Worte (z. B. von ›nichtsdestoweniger‹ und ›trotzdem‹ zu ›nichtsdestotrotz‹) und ist entsprechend auch auf die Bildsprache der Wiener Genesis angewandt worden[54]. Aber mit diesem Begriff sind die tieferen Beweggründe von Bildverschmelzungen kaum zu erklären; Kontaminationen werden sozusagen nur noch wie chemische Verbindungen betrachtet, die aus eigener Kraft zustande gekommen sind.

Rückblick

Möglichkeiten und Ziele einer ›Kunstgeschichte‹ der Empfindungen

Am Ende eines solchen Gangs durch die ›Geschichte des kunstwissenschaftlichen Sehens‹, der einen exemplarischen Einblick in die Bildwelt der Wiener Genesis zum Ziel hatte, bleibt die Frage, was die Miniaturen dieser spätantiken Pracht-Handschrift uns heute noch zu sagen haben; die Frage betrifft mehr als fachspezifische Bedürfnisse und Defizite: Geschichts-Bewußtsein und Geschichts-Aneignung. Ihr Fehlen wird bedauert und ihre Erneuerung gefordert. Aber was kann ein so fernliegender Kunstgegenstand oder seine näherliegende Forschungsgeschichte dazu beitragen?
Die Geschichte der Wiener-Genesis-Forschung ist nicht nur in wesentlichen Zügen aus der Theorie-Geschichte der Bilderzählformen und Wahrnehmungs-Psychologie hervorgegangen und mit der ersteren streckenweise zusammengefallen; sie war auch ein methodisches Paradebeispiel – und zwar in doppelter Hinsicht: als Exempel objekt-bezogener Forschung einerseits und der Methoden-›Selbstdarstellung‹ andererseits, an dem ersichtlich wird, was die unterschiedlichen Ansätze zu leisten beabsichtigten und imstande waren.
Gerade in diesen allgemeinsten Zielvorstellungen, die meist nur zwischen den Zeilen stehen, scheiden sich die kunstwissenschaftlichen Geister radikaler als in den Einzelresultaten der Forschung. Zu Beginn unseres Jahrhunderts war zum Beispiel die Ansicht, daß die Kunstwissenschaft nicht die Erforschung der ›Stoffe‹, der ›Themen‹ zum Ziel haben sollte, sondern in erster Linie deren ›Formen‹ und ›Gestaltungs-Prinzipien‹ in Betracht zu ziehen hätte,

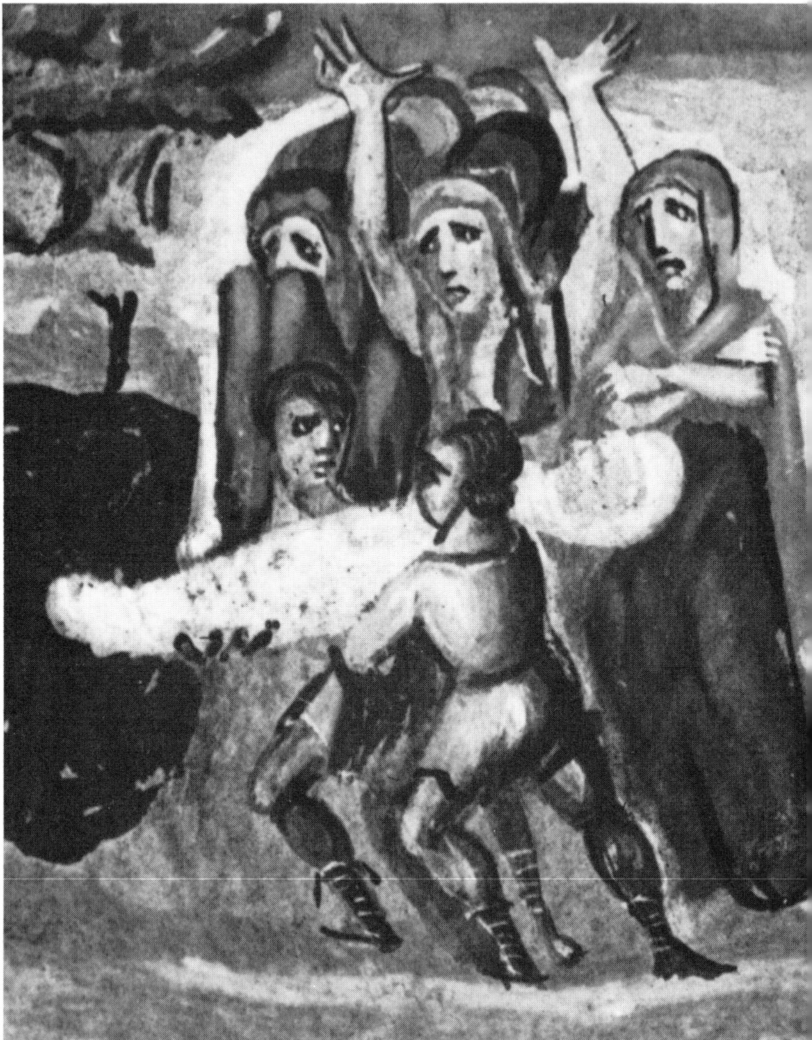

47 Wiener Genesis,
Seite 48; Ausschnitt:
Der tote Jakob wird von den klagenden Angehörigen in die Grabeshöhle gebracht.

weit verbreitet. Man war überzeugt, daß in den Form-Qualitäten der Kunst eine regelrechte »soziale Gefühlstechnik«, eine mehr oder minder absichtliche Steuerung der Emotionen sich zu erkennen gab.[55] Gegen diesen Formalismus hat eine mehr inhaltlich orientierte Richtung der Kunstwissenschaft

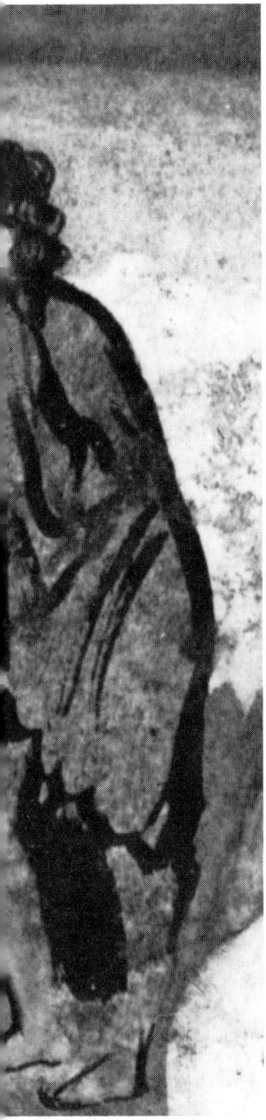

dann entschieden Stellung bezogen, und auch ein Teil der gesellschafts- und ideologiekritisch engagierten neuen ›Linken‹ hatte sich diese Aversion gegen die alte Formengeschichte mit der naheliegenderen rein-inhaltlichen Ausrichtung zu eigen gemacht.

Doch eine solche ›Kunstwissenschaft der Stoffe‹, die auf dem schnellsten Weg war, zur Soziologie, Religionswissenschaft usw. in kunstgeschichtlicher Verkleidung zu werden, stößt jetzt ihrerseits – mit der Wende zu einer neuen Sinnlichkeit, die auch nicht unproblematisch ist – auf wachsende Vorbehalte oder sogar Ablehnung. Anstelle ikonographischer Spurenlese oder ikonologischer Bedeutungs-Entschlüsselung scheinen nun die sinnliche Macht der Bilder, ihre Ausstrahlungskraft und ihr Wirkungsvermögen wieder in das Zentrum vorwissenschaftlicher Gefühls-Interessen zu rücken.

Aus solchen Bedürfnissen und Neigungen spricht nicht notwendig ein wissenschaftsfeindlicher Irrationalismus, wohl aber ein emotionales Erkenntnisinteresse, das allerdings ohne wissenschaftliche Rückversicherungen leicht auf die eigenen Projektionen hereinfallen kann. Emotionales Herangehen an Bilder kann nicht mehr als wissenschaftliche ›Einfühlung‹ – wie es eine vieldiskutierte ästhetische Theorie um 1900[56] nahelegte – betrieben werden; die Vorstellung, daß sich in Bildern Gefühlsausdruck niedergeschlagen hat, den es einfach nachzuempfinden gilt, ist sicher viel zu einfach. Statt dessen könnte man besser von Sensibilisierungs-Prozessen sprechen, mit deren Hilfe der Betrachter zu den angemessensten Standpunkten und Einsichten gelangen kann.

Wofür man sich ›sensibilisiert‹, das heißt, empfindlich macht, kann von den Kunstgegenständen und gleichzeitig von den sie betreffenden Lehrmeinungen, die einem zusagen oder ferner liegen können, abhängen. In solch doppeltem Sinn war diese ›kunstwissenschaftliche Bilderbuchgeschichte‹ vor allem daraufhin angelegt, spürbar zu machen, daß die alte Stilgeschichte mit ihren auf das Formale konzentrierten Betrachtungsweisen zu bildlichen Ausdrucks- und Bedeutungsschichten vordringen konnte, in denen auch ein neuerwachtes Gefühlsinteresse die Faszinationskraft der Bilder suchen kann.

Um es mit speziellem Blick auf das Falttafel-Musterbeispiel noch einmal zusammenfassend zu formulieren: Die irrealen Bildereignisse der Jakobs-Geschichte mit ihren imaginären Vor- und Rückblicken, mimisch-gestischen Querverweisen und zeitlich umgekehrten Bewegungsabläufen, mit ihren irritierenden Übergängen zwischen farblicher Beleuchtungswiedergabe und bilderschriftlicher Stereotypie, zwischen genrehaft verspielter und brükkenbautechnisch hanebüchener Blickführung sind von einer Vorlagen-Montage her weder in ihren Einzelzügen noch im Gesamtzusammenhang zu begreifen. Erst die Einsicht, daß die Zusammenkoppelung von Einzelszenen wohl kaum zufällig die neuartigen Zusammenhänge ergeben haben kann, macht auf den Unterschied zwischen dem neuen ›Ganzen‹ und der ›Summe‹ der vorausgegangenen Einzelteile aufmerksam.

In dieser ›Differenz-Qualität‹ stecken die tiefere Bedeutung und auch das Faszinationsvermögen der Bilderzählung, die aus dem ›Thema‹ der Darstellung und seiner ›szenischen Einteilung‹ nicht ohne weiteres einsichtig werden. Diese neue Qualität ist von einem anderen Kunsthistoriker der Jahrhundertwende, dem von Wickhoff leidenschaftlich verabscheuten Leipziger Ordinarius August Schmarsow, wohl am prägnantesten charakterisiert worden; im ersten seiner ›Beiträge zur Ästhetik der bildenden Künste‹[57], der 1896, also fast gleichzeitig mit Wick-

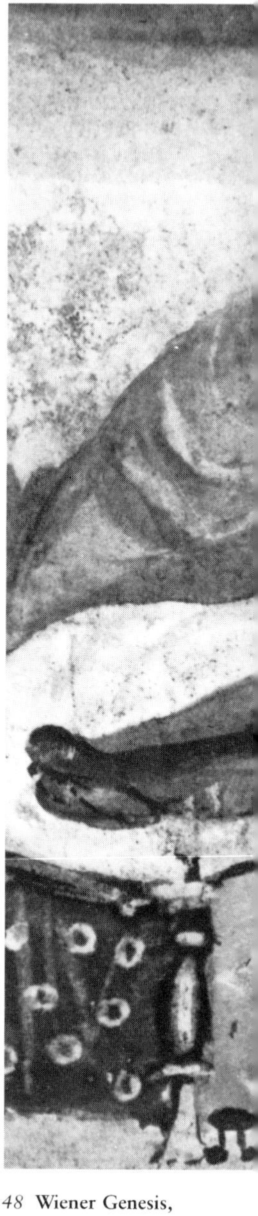

48 Wiener Genesis, Seite 48; Ausschnitt: Beweinung des aufgebahrten Jakob.

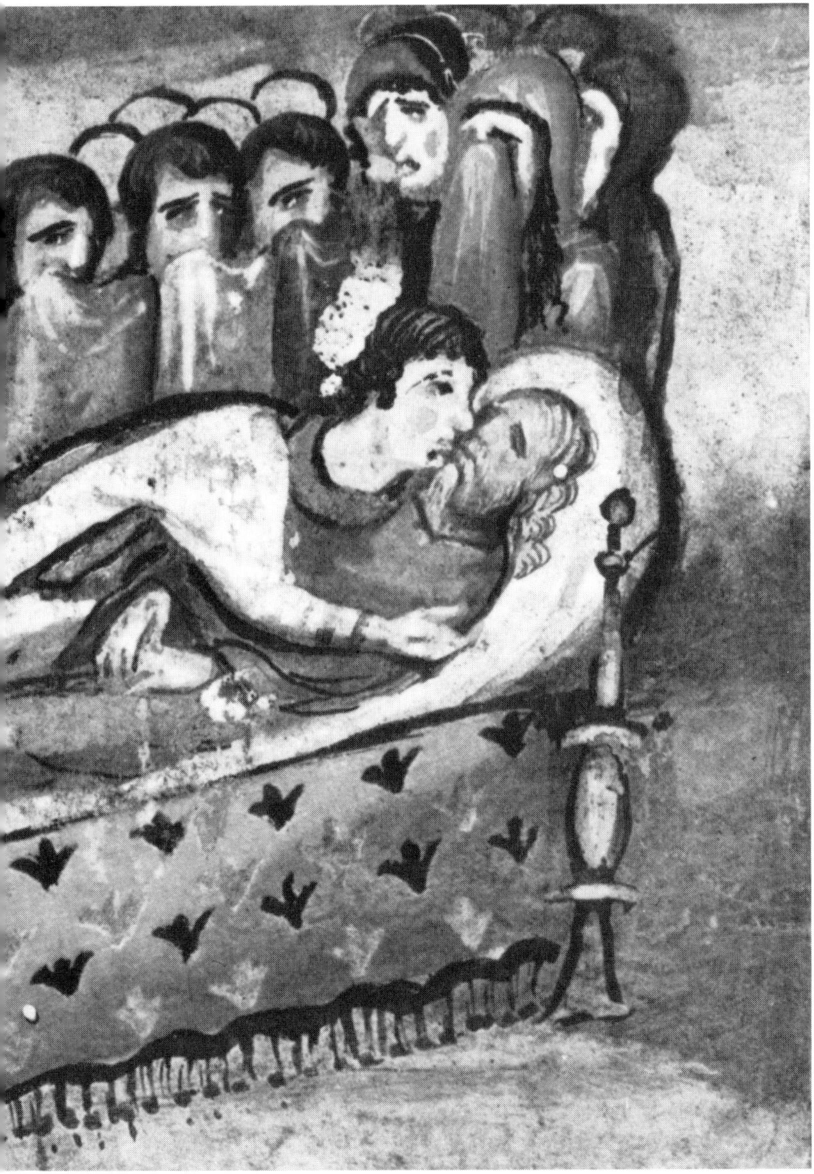

hoffs Wiener Genesis-Kommentar erschien, hat Schmarsow bei der Charakterisierung einer Bilderzählkunst, die zwischen Malerei und Dichtung steht, von einem ›Kausalitäts-Bedürfnis‹ gesprochen: »Wo Raum und Zeit ineinander greifen ..., wo sie gar in Bewegung geraten zueinander, da wird ein Vorwärts und Rückwärts angesponnen, nicht ohne die Frage nach Ursache und Wirkung oder nach Grund und Folge ⟨zu wecken⟩.« – Besser ist die Wesensart der in Präfigurationen (Vorbildern) und Prophezeiungen ›denkenden‹ Bilderzählformen der Spätantike und des Mittelalters nie in einem Satz ausgedrückt worden.

Anmerkungen

1 Die Wiener Genesis befindet sich, wie der Name sagt, in Wien, und zwar in der österr. Nationalbibliothek unter der Signatur ›Cod. Vindob. theol. graec. 31‹. Über ihre Herkunft und die Umstände ihrer Anfertigung, das heißt, über die Werkstatt, in der offenbar eine größere Gruppe von Schreibern und Malern zusammenarbeitete, wie auch über Auftraggeber und Empfänger der Bilder-Bibel gibt es nur Vermutungen. Die außerordentliche Kostbarkeit des Materials und der Ausstattung – Purpurfarbe war ein Luxus, wenn nicht sogar ein kaiserliches Hoheitszeichen – schließt eine Verwendung als liturgisches Buch zum Beispiel in einem Kloster oder dergleichen aus; direkte Hinweise auf hochgestellte oder allerhöchste Besitzer fehlen ebenso wie Informationen über den langen Weg des Handschriften-Fragments aus dem Nahen Osten nach Österreich. Der auf die Hälfte seines ursprünglichen Umfangs reduzierte Kodex gelangte in der Mitte des 17. Jahrhunderts in die Kunstsammlungen des Erzherzog Leopold Wilhelm, der das Buch wahrscheinlich von einem italienischen Sammler erwarb. Kurz darauf, im Jahr 1664, wurde das Manuskript in die kaiserliche Hofbibliothek in Wien übertragen. 1895 wurde der Bucheinband aufgelöst und die Blätter einzeln zwischen Glasplatten eingeschlossen; 1975 wurden die Blätter restauriert und die schweren Glasplatten durch eine luftigere Acrylglasverpackung ersetzt. Lit.: Otto Mazal, Kommentar zur Wiener Genesis, Frankfurt/M. 1980, Abschnitt IV, S. 189 ff.

2 Die Aufmerksamkeit für die jüdischen Züge der Wiener-Genesis-Illustrationen wurde in den Fünfziger Jahren vor allem durch die Ausgrabungen von Dura Europos in Mesopotamien geweckt; dort fand man eine mit alttestamentlichen Darstellungen ausgemalte Synagoge aus der Mitte des 3. nachchristlichen Jahrhunderts. Lit.: Carl H. Kraeling, The Synagogue. The excavations of Dura Europos, Final Report VIII,1; New Haven 1956. – Eine zusammenfassende Diskussion der Ikonographie und Interpretationen der Josephs-Versuchung findet sich bei Mazal (s. Anm. 1), S. 151 ff.

3 Zum allgemeinen Thema der jüdischen Bildkunst im Altertum und im Mittelalter: No graven Images, Studies in art and the Hebrew Bible, hrsg. von Joseph Gutman, New York 1971.

4 Mazal (s. Anm. 1), S. 116.

5 Ebd., S. 145–46.

6 Franz Kugler, Handbuch der Kunstgeschichte, Stuttgart 1842, S. 388.

7 Franz Kugler, Handbuch der Geschichte der Malerei seit Constantin dem Großen, 1837, S. 86.

8 Gustav Friedrich Waagen, Die vornehmsten Kunstdenkmäler in Wien, Wien 1867, Bd. II S. 5–8.

9 Wilhelm von Hartel, Franz Wickhoff, Die Wiener Genesis; Beilage zum Jahrbuch der kunsthist. Sammlungen des allerhöchsten Kaiserhauses Band 15/16, Wien 1895.

10 Hans Gerstinger, Die Wiener Genesis, Farblichtdruckfaksimile der griechischen Bilderbibel aus dem 6. Jahrh. n. Chr. Cod. Vindob. theol. gr. 31, Wien 1931.

11 Mazal (s. Anm. 1).

12 Gute Übersicht bei: Hans Henning, Psychologie der Gegenwart, 2. Auflage, Leipzig 1931.

13 Franz Wickhoff, Römische Kunst (Die Wiener Genesis); Die Schriften Franz Wickhoffs, hrsg. von Max Dvořàk, Dritter Band, Berlin 1912.
14 Ebd., S. 9–10.
16 Ebd., S. 14.
17 Ebd., S. 16.
18 Ebd., S. 16–17, Anm. 1.
19 Ebd., S. 15, Anm. 1.
20 Ebd., S. 130.
21 Ebd., S. 132–34.
22 Ebd., S. 135.
23 Ebd., S. 135–36.
24 Ebd., S. 169.
25 Ebd., S. 124–26.
26 Ebd., S. 126.
27 Ebd., S. 128.
28 Ebd., S. 199–200.
29 Gustav Hotho, Geschichte der Malerei, 1835, S. 43–44.
30 Lessings Laokoon, herausgegeben und erläutert von Hugo Blümner, 2. Auflage, Berlin 1880.
31 Philostratos, Die Bilder; nach Vorarbeiten von Ernst Kalinka herausgegeben, übersetzt und erläutert von Otto Schönberger, München 1968.
32 Karl Friedrichs, Die Philostratischen Bilder, Ein Beitrag zur Charakteristik der alten Kunst, Erlangen 1860, S. 102–121.
33 Carl Robert, Bild und Lied, Archäologische Beiträge zur Geschichte der griechischen Heldensage, Berlin 1881, S. 15 ff., insbes. S. 18, Anm. 13.
34 Richard Hamann, Der Impressionismus in Leben und Kunst, Köln 1907. – Werner Weisbach, Impressionismus, Ein Problem der Malerei in der Antike und Neuzeit, Berlin 1910.
35 William James, Psychologie, deutsch 1909, Leipzig, S. 148 ff.
36 Gustav Theodor Fechner, Vorschule der Ästhetik, Leipzig 1876.
37 Siegfried Levinstein, Das Zeichnen der Kinder bis zum vierzehnten Lebensjahr, Diss. Leipzig 1904, S. 68.
38 Ebd., S. 46–60.
39 Otto Pächt, Das Verhältnis von Bild und Vorwurf in der mittelalterlichen Entwicklung der Historiendarstellung, masch.schr. Diss. Wien 1925, S. 4.
40 Ebd., S. 14–15.
41 Ebd., S. 21.
42 Ebd., S. 32–40.
43 Ebd., S. 51.
44 Mazal (s. Anm. 1), S. 169.
45 Kurt Weitzmann, Illustrations in Roll and Codex, A study of the origin and method of text illustration, Princeton 1947, 2. Auflage 1970.
46 K. Weitzmann 1970, S. 128.
47 Ebd., S. 125.
48 Ebd., S. 78–82.
49 Ebd., S. 89 ff.
50 Weitzmann spricht englisch von interlocking devices, condensations und conflations.
51 K. Weitzmann 1970, S. 79.
52 Ebd., S. 33 ff.
53 Ebd., S. 18.
54 Mazal (s. Anm. 1), S. 126.

55 Lew Wygotski, Psychologie der Kunst (1925), Dresden 1976, S. 7 ff.

56 Theodor Lipps, »Ästhetische Einfühlung«, in: Zeitschrift für Psychologie und Physiologie der Sinnesorgane. Band 22, Leipzig 1900, S. 415–450.

57 August Schmarsow, Zur Frage nach dem Malerischen, Beiträge zur Ästhetik der bildenden Künste I, Leipzig 1896, S. 104 u. 111.

Erläuterung einiger Fachausdrücke

EPITOMIEREN, EPITOM(E) griechisches Lehnwort für: ausschneiden, auswählen und Ausschnitt(e); ›Auszug‹ aus einem Schriftwerk.

FAKSIMILE lateinisch: »mache ähnlich«; bezeichnet in der Reproduktionstechnik eine format- und meist auch farbgetreue Nachbildung einer Vorlage.

KODEX lateinisch; ursprünglich für hölzerne Klapptafeln mit Wachseinlage zum Schreiben. Kodex bezeichnet sodann die viereckige, aus Lagen von Pergamentblättern bestehende Buchform, welche seit der Spätantike anstelle der Buchrolle üblich wurde; der Einband besteht aus Holzdeckeln, die mit Leder oder Edelmetall überzogen sein können.

(TEXT-)KOLUMNE lateinisch Säule; in der Literatur: senkrechte Reihe oder ›Spalte‹ von Schriftzeilen.

KONSEKUTIV lateinisches Lehnwort für: folgernd, die Folge bezeichnend (v. a. in der Sprachwiss. gebräuchlich); ähnlich, aber nicht gleich der Bedeutung von SUKZESSIV: nach und nach eintretend.

KONTAMINATION sprachwiss.: Verschmelzung, Mischung; neuerdings tritt im naturwiss.-technischen Bereich zunehmend die ursprüngliche lateinische Bedeutung von Verunreinigung hervor.

KONTINUUM, KONTINUIERLICH aus dem Lateinischen; besonders in der Mathematik für: lückenlos zusammenhängend, stetig. Von daher KONTINUIERENDER, DISTINGUIERENDER, KOMPLETTIERENDER STIL: unterscheidende, fortlaufende, ergänzende Erzählweise (nur aus dem historischen Kontext zu verstehen, daher im Text näher erläutert).

KONVENTIONELL lateinisches Lehnwort; steht in

der Sprachwissenschaft und Semiotik (Zeichenlehre) für KÜNSTLICH verabredete, durch Übereinkunft festgelegte Zeichen und Bedeutungen, die meist keine NATÜRLICHE Ähnlichkeit zum Bezeichneten aufweisen.

MINIATUR von lateinisch ›Minium‹: Mennige-Rot; gemalter Ornament- oder Bildschmuck handgeschriebener Bücher.

MONO-, POLY(-SZENISCH) griechisch klingende Bezeichnung für ›ein‹- und ›viel‹-(szenig).

PAPYRUS ägyptische Wasserpflanze, deren Mark in Streifen zerschnitten und schichtweise überkreuz verleimt das ›Papier‹ der Antike ergab.

PARADIGMA, PARADIGMENWECHSEL griechisch: Beispiel, Muster; in der neuesten Wissenschaftsgeschichte: vorherrschende Formen von Denk- und Erklärungsmustern, die nicht allmählich, sondern durch ›Revolution‹ einander ablösen.

PERGAMENT griechisch: »aus Pergamon (Stadt in Kleinasien) stammend«; ungegerbte, dünngeschabte Tierhaut, zunächst Papyrus-Ersatz, dann ausschließliches Material spätantiker und mittelalterlicher Bücher.

PIKTOGRAPHIE lateinisch/griechisch: Bilderschrift.

PURPUR lateinische Bezeichnung für eine Gruppe von lichtbeständigen, dunklen, meist tiefroten, aber auch in anderen Tönen, zum Beispiel blau erscheinenden Farbstoffen, die aus Muscheln und Meeres-Schnecken gewonnen wurden.

ROTULUS lateinisch: Bündel, Rolle, Buchrolle.

SIMULTAN lateinisch: gemeinsam, gleichzeitig.

SOPHISTEN, SOPHISTIK Griechische (Wander-)Philosophen, in nachchristlicher Zeit meist Lehrer der Rhetorik (Redekunst), die ›Vorstellungen‹ und Unterricht für Geld gaben; im negativen Sinn die Kunst, durch Zweideutigkeiten und trügerische Schlüsse Scheinbeweise zu liefern oder ganz allgemein: mit Worten Illusionen zu wecken.

Literaturhinweise

W. v. Hartel, F. Wickhoff, Die Wiener Genesis (Beilage zum 15. u. 16. Bd. des Jahrb. d. Kunsthist. Sammlungen des allerh. Kaiserhauses). Wien 1895.

O. Wulff, Altchristliche und byzantinische Kunst 1.2. Berlin 1914–1918 (Bibliogr. krit. Nachtrag. Potsdam 1935).

O. Pächt, Das Verhältnis von Bild und Vorwurf in der mittelalterlichen Entwicklung der Historiendarstellung; Diss. Wien 1925.

H. Gerstinger, Die Wiener Genesis. Farbenlichtdruckfaksimile der griechischen Bilderbibel aus dem 6. Jahrhundert n. Chr. Cod. Vindob. theol. gr. 31. Wien 1931.

P. Buberl, Das Problem der Wiener Genesis. Jahrbuch d. Kunsthist. Sammlungen in Wien. N. F. 10 (1936), 9–58.

K. Weitzmann, Illustrations in Roll and Codex. A study of the origin and method of text illustration (Studies in manuscript illumination. 2). Princeton 1947, [2]1970.

J. u. O. Pächt, An unknown Cycle of illustrations of the Life of Joseph. Cahiers archéologiques 7 (1954), 35–49.

C. O. Nordström, Some Jewish Legends in Byzantine art. Byzantion 25/27 (1955/57), 487–508.

C. O. Nordström, Spätjüdische Reminiszenzen in der altchristlichen und byzantinischen Kunst. Actes du Xe congrès int. d'ét. byz. 1955. Istanbul 1957, 150–151.

H. Fillitz, Die Wiener Genesis. Résumé der Diskussion, in: Beiträge zur Kunstgesch. u. Archäologie d. Frühmittelalters. Akten zum 7. Kongr. f. Frühmittelalterforschung, 21.–28. Sept. 1958. Graz/Köln 1962, 44–52.

W. F. Volbach, Frühchristliche Kunst. Die Kunst der Spätantike in West- und Ostrom. München 1958.

O. Pächt, Ephraimillustration, Haggadah und Wiener Genesis, in: Festschrift Karl Maria Swoboda zum 28. Jan. 1959. Wien–Wiesbaden 1959, 213–221.

E. Wellesz, The Vienna Genesis. With an introd. and notes. London 1960.

Fr. Gerke, Spätantike und frühes Christentum (Kunst der Welt). Baden-Baden 1967.

J. Gutmann (ed.), No graven Images. Studies in art and the Hebrew Bible. New York 1971.

M. D. Levin, Some Jewish Sources for the Vienna Genesis. The Art Bulletin 54 (1972), 241–244.

J. Gutmann, Joseph Legends in the Vienna Genesis, Proceedings of the Fifth World Congress of Jewish Studies IV. Jerusalem 1973, 181–184.

E. Kitzinger, Byzantine Art in the making. London 1977.

K. Weitzmann, Spätantike und frühchristliche Buchmalerei. München 1977 (engl. N. Y. 1977).

Wiener Genesis, Seite 23;
Jakob führt seine
Familie über den Fluß
Jabok, kämpft mit dem
Gottesmann und erhält
den Namen ›Israel‹.
(Genesis 32, 22–28).

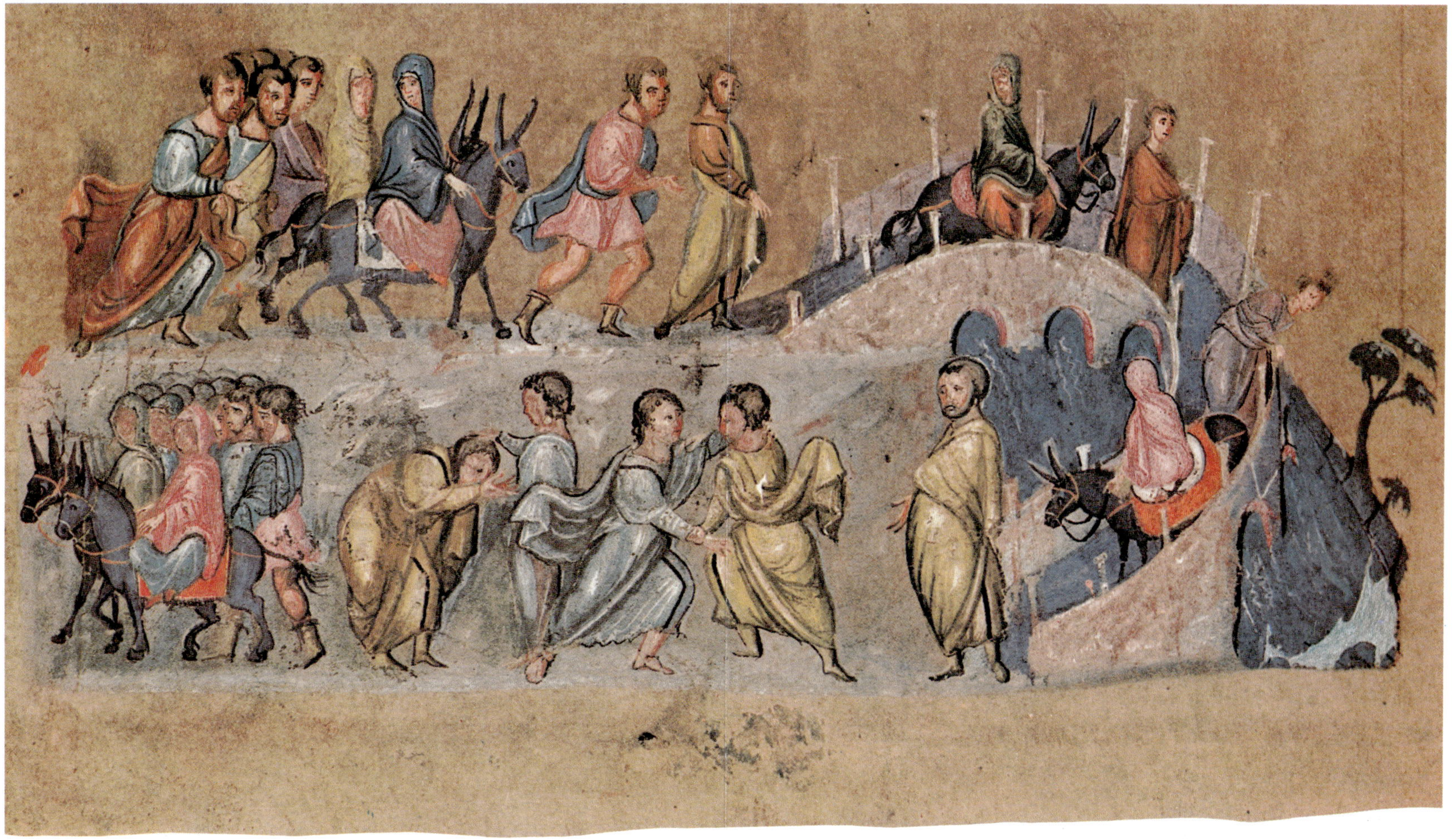